U0942739

互联网金融

风险与安全治理

杨东　文诚公◎著

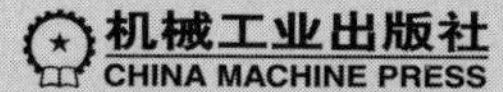

本书作者根据多年来对互联网金融的政策研究与实践调研，全面深入解读互联网金融最新监管办法与专项整治要求，阐释互联网金融风险与安全治理的法律逻辑和实现路径，剖析第三方支付、虚拟货币、互联网理财、P2P网络借贷、互联网消费金融、互联网供应链金融、小贷公司互联网金融业务、股权众筹、互联网保险等互联网金融各类典型模式如何合法合规创新发展。

此外，本书还专题分析互联网金融广告监管、刑法问题、纠纷解决机制、线上涉众型经济犯罪预警机制，以及如何将大数据、区块链等创新技术手段运用于互联网金融风险与安全治理。既为互联网金融企业提供整改及强化风险管理的可行措施，亦为监管部门提供政策建议，以期促进互联网金融企业规范经营与互联网金融业态健康发展，保护金融消费者的合法权益，使互联网金融更好地助力供给侧改革与“大众创业、万众创新”，在我国经济转型升级过程中发挥更大的作用。

图书在版编目（CIP）数据

互联网金融风险与安全治理/杨东，文诚公著. —北京：机械工业出版社，2016.11

ISBN 978-7-111-55269-7

Ⅰ.①互… Ⅱ.①杨… ②文… Ⅲ.①互联网络-应用-金融风险-安全管理-研究-中国 Ⅳ.①F832.2

中国版本图书馆CIP数据核字（2016）第257579号

机械工业出版社（北京市百万庄大街22号 邮政编码100037）

策划编辑：郝 静 责任编辑：郝 静

责任校对：舒 莹 版式设计：张文贵

责任印制：李 洋

保定市中画美凯印刷有限公司印刷

2016年12月第1版·第1次印刷

170mm×240mm·17.25印张·1插页·223千字

标准书号：ISBN 978-7-111-55269-7

定价：49.00元

凡购本书，如有缺页、倒页、脱页，由本社发行部调换

电话服务 网络服务

服务咨询热线：（010）88361066 机 工 官 网：www.cmpbook.com

读者购书热线：（010）68326294 机 工 官 博：weibo.com/cmp1952

（010）88379203 教育服务网：www.cmpedu.com

金 书 网：www.golden-book.com

本书编委会

推荐序一

正视互联网金融风险治理

王利明
（中国人民大学常务副校长、中国法学会副会长、
中国法学会民法学研究会会长）

21世纪是互联网的时代。互联网深刻地改变了人们生产、生活方式和社会组织方式，“互联网+”逐渐发展成为一种新的产业模式，在此背景下，互联网金融经过几年的迅猛发展，已经成为一个充满生机与活力的新兴行业，并成为大众创业、万众创新的重要组成部分，为中国经济的发展做出了不可忽视的贡献。

然而，不得不正视的是，在快速发展的同时，整个互联网金融行业泥沙俱下、鱼龙混杂，出现了一些乱象，客户资金管理混乱、风险提示不充分、信息披露不完善、平台安全性不足等问题时有发生，甚至出现了“e租宝”等严重损害金融消费者利益、影响社会稳定的恶性事件。互联网金融风险与安全治理成为摆在政府、业界和学界面前的共同难题。

针对互联网金融风险治理，杨东教授在本书中提出了两条可靠的路径：一是信息工具路径，二是金融消费者保护路径。杨东教授是较早提出借助信息工具规制互联网金融风险的学者。金融市场的难以预测及监管失灵都源于信息不对称，移动互联网技术、大数据和云计算等信息工具，极大降低了信息供给成本，可以为互联网金融风险的规制提供新的视角与解决进路。强化金融消费者保护也是治理互联网金融风险的重要途径，金融消费者是金融交易中最庞大、最脆弱和最需要关怀的弱势群体。伴随着互联网金融产业的快速发展，我国金融消费者群体也正在迅速壮大，但与此不相适应的是，我国

的金融市场还不够规范，金融消费者权益保护制度也不能完全满足现实需要，其中有很多法律问题仍有待进一步研究解决。我们应当在深刻把握世界金融产业和金融法律发展规律的基础上，努力探索出一条既能促进互联网金融发展，又能有效维护金融消费者权益、维护交易安全的发展道路。我欣喜地看到，包括杨东教授在内的法学同仁们正在努力研究，积极推进实践发展。

互联网金融在改变人们生活方式的同时，也蕴藏着较大的风险，我们在享受互联网金融带来的好处时，也应高度重视互联网金融的安全性，抓好互联网金融风险治理，这一过程涉及体制改革、立法完善、学科建设和人才培养，并且需要跨学科、跨领域、跨国界的交流合作与学术研讨。

中国人民大学拥有全国领先的社会科学研究平台，在法学、金融和信息科技等领域具有领先的学科优势，也特别成立了金融科技与互联网安全研究中心，愿意团结 Fintech 领域的专家、学者、企业家、监管者，共同推动普惠金融创新潮流发展。本书也是中国人民大学金融科技与互联网安全研究中心成立后的首批成果之一，相信今后在杨东教授等青年学者的带领下，中心一定会硕果累累。

在“国家双创周”开始的第二天，国务院及有关部委正式对外公布了《互联网金融风险专项整治工作实施方案》及一系列子方案，彰显了互联网金融对于大众创业、万众创新的重要价值和特殊意义。在互联网时代这样一个历史阶段，互联网金融必须发展，更必须健康发展，这需要社会各界共同努力。本书是杨东教授与其学生文诚公共同完成的呕心沥血之作，是一部呼应时代需求、兼具理论高度与实务价值、雅俗共赏的作品。相信本书的出版，必将有助于治理互联网金融风险、维护互联网金融安全，并有利于创造更好的互联网金融创新环境，推动互联网金融健康规范发展。

是为序。

推荐序二

奏响互联网金融风险治理的交响乐

郭　锋
（最高人民法院研究室副主任、
中国证券法学研究会会长、法学教授）

互联网金融，如今已经不是一个陌生的词汇了，它早已渗透到千千万万的寻常百姓家，融入人们的生活。随着互联网、云计算、大数据、人工智能和区块链等技术的不断创新，互联网金融进入高速发展阶段，产品形式越来越多样，行业混合度越来越高。现在，没有人能否定互联网金融未来的发展前景，但互联网金融的创新不会是一帆风顺的，巨大的机遇背后同样蕴藏着风险。互联网金融的监管和司法问题需要我们认真思考和研究。我和杨东教授以及法学界、金融界一些同仁多年前就提出对我国金融资本市场要实行行为监管、功能监管，经过各方面共同努力，终于被政府采纳，"十三五"规划与李克强总理在两会上做的政府工作报告，都提出构建现代金融监管架构，实行行为监管、功能监管。

2016 年 10 月 13 日，国务院办公厅公布了《互联网金融风险专项整治工作实施方案》，17 个部委同步公布了 6 个细分领域的子方案，全面部署互联网金融风险专项整治工作，对互联网金融提出了新的要求，奏响了互联网金融风险治理的交响乐章。

在这个特殊的时间点上，杨东教授与其学生文诚公紧跟政策，及时编写出《互联网金融风险与安全治理》一书，构成这篇乐章中重要的旋律。本书不仅在第一时间深入地解读了互联网金融专项整治的要求，还全面解析了互联网金融最新的监管办法，为互联网金融风险专项整治提供了法律阐释和路径指引。通过分析互联网金融的潜在风险，为第三方支付、互联网理财、P2P 网络借贷、股权众筹等企业或平台的风险治理提供了操作性较强的建议，使其明确法律法规和监管政策的最新要求，有助于整改落实。作者还深入阐释了互联网金融风险专项整治工作的动态趋势，解答了众多互联网金融平台、小贷公司等从业者对专项整治具体实施的困惑，为互联网金融的健康发展和保驾护航提供思路。

本书提出互联网金融风险专项整治要以保护金融消费者为核心，我非常赞同。金融是资金融通的方式，将社会闲散资金从所有者手中转移给资金需求者，只要是面向不特定的消费者筹集资金，政府监管机构就应该对其进行高频率监管、穿透式监管。这种资金使用权的转移所形成的权利义务关系，需要通过合约协定和产品设计进行合理界定，并有效防范和化解可能存在的各类风险。互联网金融不是简单地用网络进行债券、证券交易，更不是靠网络吸引无经验、无风险承受能力的金融消费者。互联网金融应该是以互联网为平台，建立完善的监管体系，针对金融固有的风险，以高效的运作模式为广大的投资人和融资人提供金融服务和安全保障。

互联网金融重在创新，以新兴的金融形态供给实体经济，以灵活的投资方式满足中小消费者的需求。然而，创新一方面给市场带来了源源不断的活力，另一方面也让金融行业的风险波及更加广泛的投资人。如何把握新兴的金融监管方向，也是本书的一大亮点。作者在分析互联网金融监管和专项整治政策制度的同时，深入阐述了如何将大数据、区块链等创新技术手段应用于互联网金融风险与安全治理，并形成风险与安全治理的新理念。此外，还以专题分析的方式，深入浅出地论述了互联网金融广告、纠纷解决机制、线上涉众型经济犯罪预警等处于监管、执法、司法领域前沿的疑难问题，为今后的理论研究和政策制度的完善提供了有益借鉴。

很高兴能有这样一本紧跟行业发展的图书面世，系统、简明地解答互联网金融风险到底在哪里、如何才能有效降低风险、最新监管要求是什么等问题，应该说本书对政策的解读是细致、精准而独到的。杨东教授年轻有为、朝气蓬勃，以开拓创新、不断进取、不断思考的精神始终站在互联网金融研究的前沿。在互联网金融发展、规范、专项整治的关键时期，本书的出版可谓恰逢其时。衷心希望本书在推动互联网金融健康、规范发展，防止出现系统性风险，保护金融消费者权益，促进国民经济发展方面发挥应有作用！

推荐序三

互联网金融风险的法治应对

王卫国
（中国政法大学民商经济法学院教授、
中国银行法学研究会会长）

互联网金融的本质是金融，金融就有风险，既然有风险，就要应对风险，应对风险需要法治。中国法学界面对这些新的风险和挑战的基本态度是：一方面，法律要善待技术进步，不能因为有风险就封杀。另一方面，法律需要管控风险，尤其是系统性风险。

互联网金融打出的旗号是普惠，普惠金融具有高度的涉众性，这本身就意味着社会性风险。因为有大量的人在参与，虽然这些人投入的资金不大，但是他们对风险的承受能力很低。一个富翁损失 10 万元、100 万元没什么，但一个退休工人损失 3 万元、5 万元就是致命的。互联网金融的投资者风险承担能力较低，容易引起系统性风险。

因此，互联网金融法治主要有两个目标：第一，防范系统性风险，第二，金融消费者保护。本书紧密围绕这两个目标，深度把握法律与技术相结合的互联网金融法治特点。

书中强调了对互联网金融消费者权益的保护，并作为互联网金融风险治理的一个重要路径。金融消费者相对经营者而言是一个弱者，法律的政策向消费者倾斜，这个判断是正确的，并且是制定消费者保护法律的一个重要依据。但是在实践中，弱者也不能甘当弱者，尤其在金融领域，有一部分风险是不可避免的，需要由消费者自己来承担。金融消费者要加强自身的防护，全社会也要共同努力，提升金融消费者的自身素质。

同时，本书也特别重视信息工具的互联网金融规制路径，并特别强调前沿技术区块链的重要价值。我认为互联网金融规制一半靠法律，一半靠技术，很多问题要通过技术手段来解决。我们知道法律秩序的本质是规范人的行为，互联网时代的金融业态和交易，都是以行为的数据化或者说隐性化为特点的，互联网金融在有形空间里面不可见、不可视，也不可描述。数据或者说信息的获取、识别，以及它的固定或者说锁定，是发现行为、评价行为和规制行为的前提，因此，法律的对策不能仅靠传统的法律手段，还要靠新的技术手段。

包容互联网金融，不仅是让互联网金融本身去发展，而且要让管控风险的技术同时发展，所以法律和技术就形成了一个很重要的结合点。

法律人要了解技术，法律制度的制定者也要了解技术，既要知道我们面临技术带来的挑战和风险，也要了解我们如何通过技术进步、技术手段去管控风险的可能性和机会。所以说，在互联网金融安全的挑战之下，法治创新迎来了新的发展机遇，未来即将进入金融科技化的时代。

我相信，杨东教授及其学生文诚公在本书中呈现的思路将带来一个好的结果：一方面，效率得到增长，另一方面，安全性可以通过技术发展得到提升。这也是我们所希望看到的一个愿景！

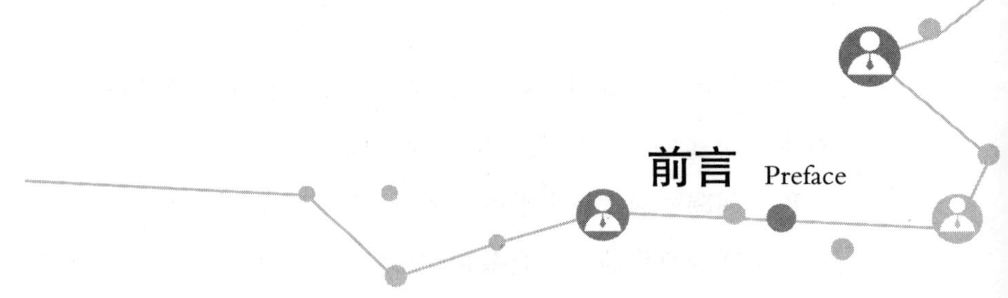

前言 Preface

互联网金融风险与安全治理的动态与趋势

一、互联网金融风险与安全治理的背景

金融的未来发展毫无疑问是革命性的，不断革新的技术将不断冲击旧的金融业态，监管政策也将随之发生改变。新技术引发金融市场变革的新实例有互联网金融，互联网金融的核心是指对移动互联网技术、云计算、大数据技术的运用，这将促进金融体系回归金融的本质。目前，互联网金融创新蓬勃发展的态势，更像是几百年前的股份制企业，包括商业银行和证券交易所兴起时的状态，不久的未来万物互联实现时，信息不对称问题将得到根本解决，信息在网络上的无障碍流动必将导致人类生产生活方式改变。

依托于高速发展的移动互联网、大数据、云计算、搜索引擎、社交网络等互联网技术能在更广泛的范围内方便快捷地将资金需求者与资金提供者联系起来，但P2P网络借贷、股权众筹等金融模式、金融现象不是简单地在金融中加入互联网技术因素，技术的进步只是新金融业态的基础，更为重要的是，具有开放、平等、共享、去中心化、去媒介等属性的新的金融业态，一方面改变我国广大的中小微企业在传统金融市场、资本市场得不到融资的困境，另一方面改变投资门槛高、小额投资渠道匮乏的现状，使金融回归本质，实现其本应具有的资金融通、资源配置的功能。结合互联网金融创新以及金融本质，互联网金融应更为准确地被界定为基于移动互联网、大数据、云计算等技术，实现支付清算、资金融通、风险防范和利用等金融功能，具有快速便捷、高效低成本的优势和场外、混同、涉众等特征，并打破金融垄断，实现消费者福利的创新型金融。

金融将成为万物互联时代人类生产生活方式的核心组成部分。它内生于这种新的生产生活方式中，并越来越不能独立于整个体系。未来，产融结合会更加紧密，实业（产业）和金融业间的界限变得逐渐模糊，且金融与人们生活的结合会更加紧密。在这个过程中，金融业具有的模式会不断变化，但本质不变，而是实现向其本质的回归。

互联网金融将导致金融的混业化，并且不可逆转。事实上，不论是保险、银行、信托，还是证券，其存在的基础都是为了满足人类日益多样化的金融服务需求，而这个需求本身就是淡化金融分业模式的动因。同时，移动互联技术的发展将导致互联网金融产业化，促进其与传统金融的融合，进一步推动金融的混业化。

区块链技术将随着股权众筹的发展得到推广。互联网金融具有鲜明的互联网技术基因，要求相配套的技术高效、低成本且可信，区块链可以在股权登记、风险控制、信用记录等方面配合互联网金融。

自然科学与技术的进步，物质生产生活水平的提高，都离不开哲学社会科学的指引，法律与制度的保障，以确保新技术、新工具，被用来造福于民。要使互联网金融真正实现普惠金融，回归其促进创业和小微企业融资发展的本意，避免成为少数不法分子非法集资、诈骗的工具，都离不开科学有效的立法和监管，《互联网金融风险专项整治工作实施方案》（以下简称《实施方案》）的重要意义正在于此。

互联网金融监管的问题，必须放在我国金融法制体系的大框架中加以考虑。下面先分析一下我国金融法制面临的问题和挑战。

二、我国金融法制的挑战与互联网金融风险与安全治理趋势

我国金融法制已经取得了长足发展，相关部门总结历史经验，吸收借鉴不同国家的先进成果，为我国金融市场的健康发展、国家经济的稳健向前奠定了基础。当下，我国金融市场发展迅猛，金融创新层出不穷，金融改革不断深化，尤其是互联网金融异军突起，金融行业混同趋势日益凸显，这些都为监管提出一定的挑战，具体而言：

第一，金融立法赶不上市场创新的步伐，金融制度供给远远不足。在日渐加快的市场创新面前，金融立法显得太过迟缓，相关制度供给远远不足，加强供给侧改革，也需要加强金融制度供给。目前来看，囿于制度供给不足，金融市场能够提供的服务较少，服务的对象也较为狭窄，阻碍了国民分享金融发展的红利。

第二，金融混业发展和金融与产业混同发展都对监管提出了新的挑战。金融混业发展的趋势已经得到大多数人的认同和重视，但互联网金融的强势崛起同样值得注意。目前来看，已经不是简单的金融业本身的混同，更是产业与金融的混同。非金融机构，尤其是互联网机构开始涉及金融。目前的互联网金融是普惠、小额的，但未来很有可能大大超越传统金融。同时，互联网金融也是中国金融创新的代表，是中国综合国力的表现，必须重视互联网金融的发展，并及时调整监管政策与立法规划。2015 年的“股灾”也证明了互联网技术创新会冲击传统金融体系，互联网金融隐藏巨大风险，必须加以法律规制。

第三，技术创新主导金融创新，但金融监管和立法的技术手段相对落后。人类金融创新的历史往往是技术创新的历史，金融监管和立法却无法及时应对。2015 年爆发的“股灾”是另外一个例子，“股灾”实际上是老问题

和新问题的叠加，以 HOMS 系统为代表的新技术是“股灾”爆发的诱因之一，但证监会借助一般技术手段却难以监管这样的新技术，金融市场基础设施的相关立法并不完善。

第四，中国特色金融市场问题凸显。我国目前缺乏足够的能力监管欧美相对发达市场诞生的金融创新，而我国以互联网金融为代表的金融创新领先于欧美，欧美缺乏相关实践，无法为我们提供值得借鉴的经验，这两个因素都决定了中国的金融立法需要中国创造。

第五，传统的监管手段不适宜市场创新。传统金融监管过度重视事前监管，一定程度上是把新的东西硬塞入旧的模子里，阻碍了市场创新。因此，监管方向应该转向减少事前审慎监管手段、强化事中事后的动态监管。

第六，纠纷解决机制落后。传统的通过政府强制干预解决纠纷、维护金融消费者权益的方式只能是“非常时期”的“非常手段”，随着金融产品日趋复杂、变化多端，跨越银行、保险和证券市场的传统分界，越来越多的个人投资者、金融消费者参与交易，金融纠纷由此呈现新的特点，必须建立快捷简易而又方便消费者使用，并对弱势金融消费者倾斜保护的长效纠纷解决机制。

第七，投资者、金融消费者的风险意识、金融法律意识落后。互联网金融背景下尤其需要注意金融消费者的保护，互联网金融在优化金融市场的资金融通和价格发现功能的同时，也最大限度地利用、分散和传递金融风险。互联网平台在包装和销售小额化金融资产的同时，也将金融风险扩散到广大小微投融资者之间。中国金融消费者最大的问题是习惯刚性兑付，风险意识不足，纠纷过度依赖政府的行政手段，因此必须加强金融消费者教育。加强投资者权益保护和进行投资者教育，是以人为出发点，从根本上提高惠普金融参与主体的素质。消费者作为交易的主体应该学习专业的金融知识、法律知识，树立正确的理念，学会保护自己的合法权益。

第八，社会诚信体系不完善。市场中过度依赖担保，刚性兑付一直无法打破，社会总体融资成本太高，也造成中小企业融资困难，市场活力不足。

第九，行业自律功能没有充分发挥。行业自律监管一直没有充分发挥其作用，法律应当赋予行业自律机构适度的权力，促使其发挥应有的职能。

第十，中央和地方金融监管不协调。金融风险的爆发往往是跨地域的，但在实践中，中央和地方的金融监管部门缺乏有效的配合。

三、互联网金融风险与安全治理的具体措施

获得充足、有效且恰当的监管，是互联网金融行业可持续健康发展的客观需要。在消费者中构建良好的信誉和形象，需要每一个参与者一点一滴、坚持不懈的努力。如不能及时清除“e租宝”、中晋系等行业毒瘤，放任其依仗互联网、普惠金融之名，为诈骗、犯罪之实，窃取诚信守法者的信誉，透支消费者的信任，则可能会重演国产奶粉的悲剧，阻碍全行业发展。

《网络借贷信息中介机构业务活动管理暂行办法》明确了P2P网贷信息中介的性质，不得设立资金池，不得发放贷款，不得非法集资、自保自融等，除采集信息及核实、贷后跟踪等，不得从事线下经营。

网贷平台和众筹平台都不得未经批准从事资产管理、债权转让、高风险证券市场配资等金融业务。自身资金和客户资金必须分账管理，选择符合条件的银行落实第三方存管。

P2P网贷是监管重点，笔者还有如下建议：首先，充分发挥大数据在互联网金融中的应用。收集金融消费者大数据，利用大数据分析客户的投资偏好和风险承受能力，了解和熟悉客户，确保金融消费者的适当性，不让消费者暴露在超出自身承受能力的风险之中；其次，利用大数据分析预测金融风险，防止风险聚集，提升行业抗风险能力；最后，从政府监管部门的角度，可以利用大数据为决策和行动提供依据，使监管者走在市场和风险的前面，

防止风险的积累和蔓延。

第二，深挖专业领域。鉴于我国征信体系的不完善，P2P网贷不宜盲目追求大、多、全，而应尝试走小、精、专的路线。可以选择适合的金融业态，来服务特定的对象，积累有价值的数据资源、口碑和客户关系，提升对特定市场的利用效率。不同的行业有不同的发展状况和风险类型。例如，传统农业企业与高科技创业企业就有截然不同的行业数据、风险偏好和商业习惯。能在一个行业取得良好收益的模式，不一定能够适应另一个行业的环境。P2P网贷不应再盲目追求大而全，妄图用一套系统，来适应和满足所有市场各种企业的不同需求，而应细分市场，提供有针对性的服务。

第三，大力发展“互联网+供应链”“互联网+消费金融”。消费金融与供应链金融是我国供给侧结构性改革的重要内容之一。一方面，要提供好的商品和服务，这就需要供应链金融，提供完善产品的渠道，为优势产业提供生长壮大的养分；另一方面，为消费提供融资，在合理的范围内以扩大需求。同时供应链金融和消费金融可以完善P2P行业的数据来源，仅通过融资者和投资者获取的数据是片面的，从中提取出的数据也只能是短浅的，不能反映大环境的发展趋势。连接消费金融和供应链金融，则可以为平台提供更多的市场。

股权众筹的乱象，主要包括：违反相关法律法规，公开向社会宣传，向不特定对象募集资金；存在虚假或夸大项目，违规宣传保本、高收益；平台涉及混合经营，同时从事股权投资、P2P网贷、众筹等业务，有些平台甚至没有任何互联网金融相关牌照，通过复杂的操作对自身加以伪装，在外观上与金融无关，但实质上从事互联网金融业务等。

对此，应注重明确发行人及中介机构的行为规范，明确信息披露要求及投资者保护义务，综合考虑平衡监管的针对性和成本。在整治初期可以有证券监管部门实行牌照准入管理，在市场秩序确立成熟之后下放至行业协会对众筹平台实行备案管理。同时，要求平台不得发布虚假标的，不得自筹，不得“明股实债”，应强化对融资者、平台的信息披露义务和股东权益保护要求。

股权众筹平台必须加强自身的专业化建设，确保不能有虚假的项目或者违背市场道德的项目，保证信息披露真实、完整、准确，不能损害投资者的权益。不能借助平台做私募基金，不能打着众筹的旗号做其他事。而本次《实施方案》所推出的“穿透式”监管，正是撕破伪众筹平台面具，发现其业务本质的利器。“穿透式”监管顺应了新技术冲击下市场变革的实际状况：面对目前金融混业、跨界综合经营的现状，需要打破牌照式监管、分业监管、机构监管的传统模式，采取功能监管、综合监管、行为监管的统合监管路径。未来，应当建立大数据为核心的共享信息披露体制（区别于传统强制披露制度），股权众筹的风险控制主要以风险的提示和信息披露为重心，建立信用体系和中央数据库体系，通过互联网信息工具等路径降低互联网金融中的信息不对称，有效控制信用风险。

第三方支付领域，应当尽快制定相关法律法规，明确监管部门的职责和权限，加强支付牌照管理，严格市场准入、退出机制，逐步清理和打击非法开展资金支付清算业务的无证机构，加强账户资金监管，维护市场秩序，明确其定位，引导非银行支付机构为金融消费者提供小额、快捷、便利的支付服务。

通过互联网开展资产管理及跨界从事金融业务方面，《实施方案》要求：未取得资质的互联网企业不得开展取得资质才能进行的业务；未经相关部门批准，不得将私募发行的金融产品打包、拆分向公众出售。金融机构不得依托互联网，通过各类资产管理产品嵌套的方式展开资产管理业务、规避监管要求。

同一集团内取得多项兼容业务资质的，不得违反关联交易等相关业务规范，要求集团建立内部“防火墙”，切实防范风险交叉传染。

在广告宣传方面，未取得金融业务资质的从业机构，不得对金融业务进行宣传。非金融机构，在注册名称和经营范围中不得使用“交易所”“交易中心”“金融”等名称。

当前互联网金融快速发展，金融创新产品频繁更迭，导致实际的产品、经营模式与已有法律法规脱节，成为监管套利的工具以及风险的导火索。作为回应，国务院《实施方案》中的一大亮点是推出了“穿透式”监管。相比以往“牌照式”的监管方式，“穿透式”监管方法，根据业务实质，明确责任，认定业务属性和应执行的相应行为规则与监管规定，但也相应地提升了监管机构的自由裁量空间和认定难度。监管对象的鉴别，实质重于形式，不论传统金融机构还是互联网企业，只要实质上做了金融业务，政策、规则、标准就应一致，以实现保障新老金融业态间的公平竞争，避免监管套利和风险漏洞的形成。

为实现在执行上的有效性，《实施方案》要求综合运用社会治理与部门协调的方式，针对互联网金融中违法活动隐蔽性强的特点，提出发挥社会监督作用，建立举报制度，重奖举报。同时重罚违规，按违法经营数额进行处罚，提高违法成本。在部门统筹上，成立由中国人民银行牵头的整治工作领导小组，银监会、证监会、保监会和工商总局等根据各自部门，划分责任范围督促全国统一工作。领导小组成立，反映了金融创新日趋复杂，金融业态日渐混同的趋势，多部门共同参与有助于提高监管效率和应对复杂情况的能力。

笔者认为，我国互联网金融还处于初期阶段，面临着金融基础设施不健全、信用体系缺失、合格投资者不足等问题，走一些弯路是难免的，但互联网金融是我国缩减贫富差距，发展普惠金融，促进“大众创业、万众创新”的现实需要。互联网金融作为《实施方案》的补充，应该从投资者保护和信用工具两个路径完善互联网金融规制，以投资者保护为核心，加强投资者教育，完善投资者适当性制度，改变过去监管的模式，更加强调行为监管和功能监管，坚持宏观与微观相结合，加强行业自律监管，完善信息工具的风险规避作用，建立事前监管预警检测体系，突出大数据的功能。

回到互联网金融行业的整体发展，笔者早在2013年开始呼吁：根据我国国情，征信体系不完善和P2P等模式自身存在的不足与缺陷等原因，我国应当优先发展股权众筹。股权众筹对于我国金融市场来说，目前最大的价值在于：帮助打破刚性兑付和过度依赖担保这两个毒瘤。目前，股权众筹已经成为实现“大众创业、万众创新”的重要手段和方式，并且正在与新三板、四板等融合形成真正意义上的多层次金融市场体系。相对于初创企业在前期就背负负债而言，以股权方式进行投资也更适合于初创企业的融资需要，同时，股权众筹为初创企业带来了各种资源，无论是先进的管理经验还是市场渠道，都是企业极为需要的。股权众筹中的投资者比起在P2P业态中能够更加了解投资项目。在目前众多互联网非公开股权融资实践中，有以身边的小店为主要投资对象的平台，投资者既是股东也是消费者，投资者对投资项目的监督也十分便利，业已形成非常良性的“投资—消费生态圈”。联合产业链，形成生态圈的以众筹为核心的“四众”“双创”平台将为中国经济注入新鲜血液。

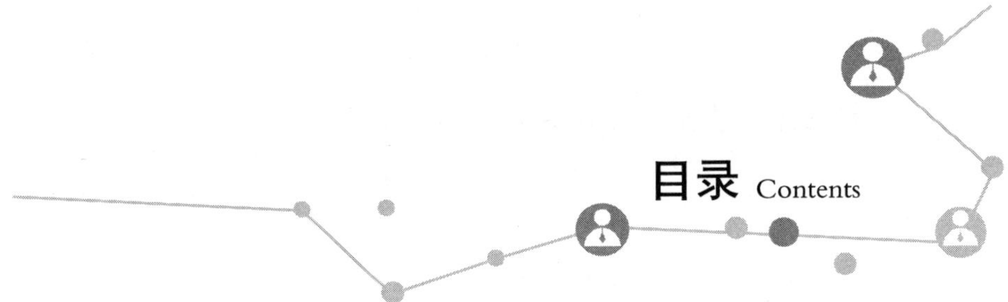

目录 Contents

第一章
互联网金融风险与安全治理的法律逻辑

01 互联网金融风险与安全治理的两条路径

针对前言所述我国金融法制的问题与挑战，就互联网金融监管的动态发展而言，可以选择以下两条路径：

第一，信息工具的进路。金融交易是信用交易，其核心是金钱的时间价值。金融市场是与风险相互依存的，因而，信用风险是金融市场的首要问题。金融中介服务于资金供给者和资产提供者，金融风险的产生、交易或资产服务都要通过金融中介来完成，因此，金融中介是风险管理和交易的主体。事实上，金融市场准入门槛高、风险集中、价格形成过程难以预测及监管失灵，都起因于信息不对称。移动互联网技术、大数据和云计算等科技手段的应用，极大降低了信息供给成本，可缔造一个公开而透明的市场价格形成过程。互联网金融巨大的生命力，也来自其在提高交易透明度方面的优势，这一规制路径可以推广到整体金融市场上。

第二，金融消费者保护的进路。投资者收益的不确定性，来源于金融资产的风险与投资者的风险吸收能力两者之间相互作用的不确定性。融资者利用信息优势，对投资者收益产生的影响，在风险端，以金融资产为作用对象；在收益端，以投资者对金融资产风险的吸收能力为作用对象。金融资产的风险是指金融资产预期回报的不确定性或可变性。投资组合理论以资产集合和风险分配为分析对象，因而，其对投资者风险的吸收能力与金融资产风险的匹配性问题，影响深远。由于金融风险的主要问题，在投融资两端，都从较为抽象的、金融资产价格形成过程中投融资风险与收益的不确定关联，具体化为投资者风险吸收能力与金融资产风险的匹配程度。因而，实现投资者风险吸收能力与金融资产风险的匹配，也成为金融法风险规制的另一主要逻辑。

笔者认为，互联网金融监管的趋势是要将以上两条进路加以融合，简言之：必须以消费者保护为核心，改变过去审慎监管的模式，更加强调行为监管和功能监管，坚持宏观与微观相结合，加强行业自律监管，完善信息工具的风险规制作用，建立事前监管预警检测体系，突出大数据的监管。

一、信息工具路径

依循金融本质之信息与信用风险的关联结构，以及信息工具于信用风险规制逻辑中的内生属性，互联网金融的信用风险规制，是在以市场准入、投资者保护及融合型规制体系来完善竞争型市场环境的前提下，实现和发挥信息工具的核心功能。尽管互联网金融的信用风险极为突出，但是其信息优势、直接融资属性、小额分散投资特性，又为其信用风险规制进路可内嵌于金融本质问题的解决思路之内，提供了条件。因而，与互联网金融的出现是金融发展的结果相契合，互联网金融之基本问题即信用风险问题的解决，既内生于金融本质，又凸显了法治对金融的重要意义。

（一）完善市场准入机制

在完善互联网金融市场准入制度方面，应根据 P2P 平台、股权众筹门户或第三方支付机构的法律地位，[①] 确立这些平台的市场准入机制。[②] 注册资本金是建立市场准入机制、防范信用风险的首要内容。互联网金融具有信用风险高且系统性风险较为集中的特点，因而，可借鉴金融危机后系统性风险监管的风险暴露规则，要求平台分别按最低注册资本金和风险资本金（即应急资本）计提注册资本。[③] 作为风险吸收和分担机制，风险资本金的提取，应与平台总体融资规模和杠杆率相匹配。若风险预警系统已暴露出平台杠杆率畸高和融资者违约率显著提高等问题，那么风险资本金可被转换为普通股，平台须允许投资者对普通股分红或将其转移至投资者风险保障金账户。[④] 风险资本金与风险预警系统的结合，可为互联网金融安全、信用风险规制、系统性风险防范和投资者保护提供制度基础，信息工具在其中起着风险揭示的基本作用。

纯信息中介 P2P 应建立平台技术审核和信息审核标准，可由工信部对平台及其技术和信息处理能力进行实质审核，并由银监会明晰平台线上审核信息类型，逐步去资金池和担保。P2P 平台进行资产证券化交易，在融资者市场准入、基础资产和交易结构方面，可先按《关于规范商业银行理财业务投资运作有关问题的通知》的资产分类，由具有证券化经营资质的交易所和证

---

① “英国众筹监管规则”第 12 条规定应由 FCA 授权并监管的众筹有 P2P 网络借贷型众筹和股权投资型众筹。See Article 12, The FCA's Regulatory Approach to Crowdfunding Over the Internet, and the Promotion of Non-Readily Realizable Securities by Other Media, March 2014.

② 根据欧盟《金融工具市场指令》（MiFID）第 4 条和《说明书指令》（PD）第 2 条，各成员国 P2P 和股权众筹平台所发行之股票和债券属金融工具，需由该成员国金融服务主管部门认定平台法律性质、规范平台注册程序及豁免规则。Article 4 of MiFID; Article 2 of PD.

③ Basel III: A Global Regulatory Framework for More Resilient Banks and Banking System, 2010, p. 12.

④ Tier 1, Basel III, Leverage Ratio Framework and Disclosure Requirements, Janu. 2014, pp. 1 – 3.

券承销公司，分拆资产，形成资金池和组织回购。待《证券法》和《证券投资基金法》完善证券概念、明确界定资产支持证券，且通过信息披露规则规范交易流程和建立风险预警系统之后，P2P 平台从事资产证券化业务在现行立法中的束缚，也可得以解除了，这也符合银监会“P2P 监管规范”的主要原则。

股权众筹作为公众小额集资体系，其准入应秉承便利融资、促进竞争及保护投资者的原则。全国人大财经委的《证券法修改草案》及证监会《众筹融资管理办法》（征求意见），对股权众筹也采取了小额豁免的立法思路。股权众筹门户的界定应相对宽泛、准入门槛不宜过高，可界定其为“为他人提供要约或证券交易的任何主体”,[①] 符合纯信息中介 P2P 结构、具有风险控制和资产管理能力的中介组织，在证券业协会注册并经证监会审查合格后，即可成为合法股权众筹门户。证监会和证券业协会应对平台大数据系统和风险评价体系等进行审核,[②] 以保证投资额度、资金分流状况及证券资本结构等均成为公共信息。出于股权众筹风险分散的考虑，投融资者市场准入规则，应集中于投融资限额。小微企业通过股权众筹集资门户公开发行证券的，自其首次公开发行之日起十二个月内，向证监会规定的投资者募集资金总额不应超过一定限额，但私募基金等不受此限。在投资者投资额问题上，由于我国居民收入成分复杂，可设置阶距较宽的梯度投资限额，但自然人家庭金融资产总计超过 500 万元，或自然人个人年收入超过 50 万元的，则不受此限。

从降低支付清算市场因不完全竞争而增加的交易成本和损失的消费者福利的角度，立法应把第三方支付机构认定为独立于电子商务商户和银行，并为商户和消费者提供支付服务的机构。在资金审慎监管和犯罪预防上，应要

---

① Sec. 304, Jumpstart Our Business Startups Act (JOBS Act), 2012.

② Sec. 304, Jumpstart Our Business Startups Act (JOBS Act), 2012.; Sec. 4A (a) of 1933 Securities Act, U. S.

求第三方支付机构将客户资金存入银行专户，预防其欺诈、侵吞和洗钱。随着第三方支付和虚拟货币体系的发展，应设立广义金融机构和电子货币许可证，通过风险管理规范监控第三方支付机构的货币业务、P2P和股权众筹、资产拆分和配售等投融资行为;[①] 还应依据审慎监管规则，要求第三方支付机构和虚拟货币提供者，对平台资金和投资者资金进行会计分离和操作分离。

行业协会和自律组织的自律性规范及其与监管规则的对接，可为P2P、股权众筹和第三方支付机构的准入提供便利。行业协会的设立，融资方、平台、股权众筹集资门户和从业人员资料库和诚信档案的建立，及其在大数据平台上的公布，都是降低互联网金融市场准入成本的重要制度。银监会、证监会和央行，也须监管该自律组织的不正当竞争和垄断行为。实际上，互联网金融市场准入机制与竞争规范如同硬币的两面，确立P2P、股权众筹和第三方支付的公平市场准入规则，也为P2P与银行的竞争、股权众筹与公募和私募的竞争、第三方支付机构与银联的竞争，定下公平竞争的基调，也是金融法制在市场流动性的竞争性供给与市场摩擦之间，做出的合理选择。

（二）信息工具：大数据、信用风险预警及信息披露

大数据和征信体系是互联网金融信息工具应用的基础，也凸显了互联网金融的信息优势。现代征信是指依法收集、保存和加工自然人、法人及其他组织的信用信息、对外提供信用报告、评估和信息咨询等服务、帮助客户判断和控制信用风险，进行信用管理的活动。[②] 征信法律关系主体是征信机构和企业信用信息提供方，客体是信用信息，即反映企业信用状况的有关信息和数据。征信体系是降低信息不对称及规制信用风险的重要金融市场基础设

---

① Basel III, Leverage Ratio Framework and Disclosure Requirements, 2014, p. 1.

② 吴晶妹:《未来中国征信：三大数据体系》,《征信》, 2013 年第 1 期，第 4 页。

施。互联网金融大数据系统是交易型征信体系，应以商业机构建立和运用大数据为主，把互联网平台和线下调查数据、利用云计算等数据挖掘技术可分析的客户资信、供应链、成本效益和经营风险等信息以及客户信用评估等，都纳入互联网金融企业和个人信用征信体系内。

2014 年 6 月 14 日，国务院印发的《社会信用体系建设规划纲要》（以下简称《纲要》）提出要对合格的互联网公司颁发征信牌照。互联网金融平台可积累交易数据，构建自己的信用数据库，将商业化的信用审核数据应用于其他金融机构、自身小贷业务以及上下游供应商和服务商的交易信用评价中；可充分利用互联网上企业和个人的信息分析和定价功能，开发企业信用量化工具和个人信用支付工具。前者可通过对企业资信参考和资金周转状况等信息的信用评分和指数化，形成企业信用数据库；后者可通过平台收集和分析个人信用状况，并与我国 2005 年信用征信体系对接。

P2P、股权众筹等互联网金融平台对借款人 O2O 信用审核模式，是线上审核和线下调查的网络金融审核模式的代表，是适合于互联网与实体经济的纵向交易模式的征信体系的代表。我国可以借鉴美国非上市公司的企业信用体系，在企业通过互联网金融平台融资时，由平台或征信公司提供企业概况、企业高管人员相关情况、企业关联交易情况、企业无形资产状况、纳税信息、付款记录、财务状况、破产记录和被追账记录等信息。企业至少需要提供 12 个月内的信用信息。与此同时，在信息收集上，互联网综合平台、电商供应链及应用支付信用工具采集的个人征信信息，可与银行信息终端对接，把信贷记录良好、缺乏或无信贷记录的主体，结构化或非结构化的数据，信贷数据、网络数据和社交数据等，都纳入大数据范畴，并引入现代信用评估原理。①

---

① ZestFinance, Big Data Underwriting, available at: www.zestfinance.com, 2nd Aug, 2014, visited.

依据《纲要》的指引，完善立法、行业自律和政府监管都不可或缺。立法方面，应完善我国企业和个人投融资者在投融资、账务、营业和信用记录等方面的信息，建立企业和个人的信用征信体系。在行业自律方面，互联网金融企业、征信公司、供应链金融商等主体，都应成为征信体系行业协会的会员，协会对会员征集和利用信用信息给予指导和评分。在政府监管上，工信部和"一行三会"也应运用信用评估分析原理，对商业机构建立的大数据和信用征信体系进行监督。

大数据降低了信息供给的成本。可依托大数据，以信息工具来规制 P2P、股权众筹和第三方支付机构的信用风险，实现从信用风险到公共信息工具的转变。在互联网金融平台的监管规则中，引入巴塞尔协议风险暴露之风险资本金规则、平台风险保障金规则和欧盟偿付能力规则（二）（Solvency II）中金融机构清偿能力缓冲区间规则，即是为借助大数据系统的信息优势，开创金融监管信用风险预警的新局面。

以大数据的信息优势来监控流动性风险，可解决目前巴塞尔协议在传统银行和新兴影子银行领域，适用风险资本金规范系统性风险时，仍需面对的如何启动风险资本的普通股转换问题。因为平台的杠杆率、外部信用评级、平台和融资者的资产—负债比例以及风险保障金—负债比例等，均可通过大数据系统予以披露，借此建立风险预警基础。①

P2P 平台风险保障金，应与融资者融资额度、期限和违约率挂钩，这是风险保障金具有债权信用风险定价功能的关键。英国著名的 Zopa 风险保障金对此做了很好的诠释。Zopa 平台上的债权，因风险保障金的存在而获得了二级市场流动性，这些债权的二级市场价格与其初始价值的差额，就是其信用

---

① Basel III: A Global Regulatory Framework for More Resilient Banks and Banking System, 2010, p. 8.

风险价格。[①] 英国2014年众筹规则颁布后，立法将平台风险保障金制度化，平台可对融资者信用等级或债权风险，进行公开定价，以实现信息甄别。[②] 融资者信用等级和债权风险定价，均为公共信息，亦可通过大数据系统，成为融资者和平台信用风险的评价指标。

同时，实施资产证券化交易的P2P平台及股权众筹集资门户所设置的风险保障金，是为应对平台破产、融资者支付能力不足和资金短缺等风险而设置的，可作为结构型融资和股权融资的信用风险定价工具。具体来看，实施资产证券化交易的P2P平台和股权众筹集资门户的垫资，是平台流动性和融资者清偿能力的重要保障。[③] 垫资与基础资产之间被称为"流动性之谜"的折价，即为该类融资的信用风险。[④] 欧盟偿付能力规则（二）（Solvency II）为金融机构设立清偿能力缓冲区间；欧洲中央银行为融资主体设置的流动性风险缓冲基金和系统性清偿能力准备金等制度，[⑤] 都是本次国际金融危机后，欧盟立法设置的随风险系数浮动的风险保障金及降低金融资产与金融机构的信用风险的重要制度。

风险资本金、风险保障金、保险或期权与大数据信息系统结合起来，构

---

① Emma Simon, Ditch the Banks and Get 6pc on Your Savings? There's a Catch: You May not Get all Your Money Back, The Daily Telegraph (London), Edition 1, March 24, 2012.

② Article 12, The FCA's Regulatory Approach to Crowdfunding Over the Internet, and the Promotion of Non-Readily Realizable Securities by Other Media, March 2014.

③ "英国众筹监管规则"第12条规定风险准备金是平台设立的前提之一；风险保障原则亦是该规则的基本原则之一。Article 12, The FCA's Regulatory Approach to Crowdfunding Over the Internet, and the Promotion of Non-Readily Realizable Securities by Other Media, March 2014.

④ Metrick, Andrew and Gorton, Gary, Securitized Banking and the Run on Repo, *Journal of Financial Economics*, 2012, vol. 104, no. 3, p. 425 - 427.

⑤ Article 83, 84, Commission Delegated Regulation (EU) No. of 10.10.2014, supplementing Directive 2009/138/EC of the European Parliament and of the Council on the taking-up and pursuit of the business of Insurance and Reinsurance (Solvency II).

成P2P、股权众筹和第三方支付机构的风险预警系统的主要内容。在立法设定这些风险预警工具定价规则的情况下，信用风险价格之浮动即可反映出相关交易的风险额度，监管机构可据此要求风险过高的融资者或平台，补缴风险资本和风险保障金、重整或退市，进而监控交易风险。

同时，P2P、股权众筹和第三方支付机构的风险资本金、债权风险备付金或股权风险预警系统，又通过这些机构的市场准入和内控规范等，与融资者和平台的法律责任结合起来，进而把信用风险定价及其信息披露制度，转换为融资者与平台的法律责任。此时，担保、资金池、保险和回购等手段和融资者信用信号传递方式，均通过信用风险定价及其信息披露，转变为可供投资者鉴别融资者信用风险的信息甄别工具。因而，在规范的准入机制和完备的信息披露制度之下，将互联网金融主要业务的信用风险，通过风险定价置于信息工具之中，才能为信息工具作用的发挥提供相对完善的客观条件。

P2P、股权众筹和第三方支付机构，应具有较强的信息收集与处理能力，应对投融资者实名认证并审核用户信息；应审核融资计划的合法性和融资计划书的完备性，若融资方或融资计划发生重大变化，中介机构要督促融资方通知投资者；还应对融资方和投资者的信息及融资记录予以妥善保管。[①] 除把大数据作为信息工具的基础设施，提高投资者理性，为自律组织和监管机构提供公开信息外，互联网金融的营业者，还需向监管机构披露与融资风险相关的信息。P2P平台应向自律组织和监管机构提交借款人的相关信息，作为信息披露的资料。实施资产证券化交易的P2P平台及融资者，应借鉴金融债券等资产支持证券目前的信息披露模式。股权众筹在发起、交易和退市

① 日本《金融商品交易法》第29条之4注册的驳回；第35条之3，业务管理体制的完善；以及第43条之5等规定，其主旨是“随着准入条件的放宽，为了更好地保护投资者，防止欺诈等行为的发生，对于众筹交易业者课以下列义务：通过网络提供适当的信息，审核初创企业的事业内容”。

时，应履行《证券法》和《证券投资基金法》的信息披露规则；私募型股权众筹应发布融资计划书，并充分揭示投资风险，披露募资不足时或超额募资时的处理办法及其他重大信息、披露企业的经营管理、财务和资金使用情况等关键信息，并应及时披露其他会影响投资者权益的信息。

（三）投资者保护及融合型规制体系构建

投资者分类和保护制度，是信息工具发挥作用的主观条件。互联网金融的法律规制要实现资本形成与投资者保护之间的平衡，就要清楚互联网金融满足小微投融资者需求的关键在于拆分资产，并向仅具有小额投资能力和风险承担能力的中小投资者配售资产。因而，投资者分类是首要的、与互联网金融分拆和错配金融资产的营业行为相匹配的制度，是重塑投资者适当性及保护投资者的前提。我国互联网金融立法可将投资者分为非成熟投资者和成熟投资者。非成熟投资者可界定为所投资项目为 2 个以下的投资人，其投资总额，不应超过其净资产（不含常住房产、养老保险金）的 10%，① 非成熟投资者累计 12 个月内对单一融资方的投资上限，不得超过 1.5 万元人民币。成熟投资者可界定为投资于单个融资计划的最低金额不低于 100 万人民币的自然人、企业法人或其他组织。② 成熟投资者不受非成熟投资者的投资限制。对投资者进行分类的立法思路，在全国人大财经委《证券法修改草案》中体现得也较为明确。同时，禁止 P2P 平台和股权众筹门户公开劝诱非成熟投资者，是以信息工具来规范互联网金融市场的重要内容。P2P 平台和股权众筹门户，不能向投资者提供投资意见或建议，不能在其门户内劝诱购买、出售或要约购买债权与证券。P2P 平台、股权众筹门户和股权众筹发起人须以通

---

① Article 12, The FCA's Regulatory Approach to Crowdfunding Over the Internet, and the Promotion of Non-Readily Realizable Securities by Other Media, March 2014.

② Sec. 304, Jumpstart Our Business Startups Act (JOBS Act), 2012.

俗易懂的语言，向投资者发布说明书、履行说明义务，金融监管部门须对平台、股权众筹门户和发起人履行说明义务进行监督。[①] 投资者在冷静期间内即投资者在募资期限届满之日起 14 日内，可无条件撤资，而不受任何限制或承担任何违约责任。[②] 如果 P2P 平台和股权众筹门户要经营投资咨询业务，则需符合金融中介机构的准入门槛。同时，应建立 FOS 或金融 ADR 等纠纷解决机制,[③] 以便投资者与融资者、P2P 平台、股权众筹门户或第三方支付机构发生争议时，可向专业金融纠纷调解机构申诉，维护自己的合法权益。

综上，以信息工具为核心的互联网金融信用风险规制，是在金融本质即信息与信用风险关系问题中，在金融功能得以实现的竞争型市场中，以大数据信息系统为依托、以信用风险定价机制为内核、以投资者分类与保护为保障的机制。该机制通过风险资本设置、风险保障金提取、风险缓冲区间引入和信用风险预警系统，体现了风险监管的思路，也回应了互联网金融对金融分业监管的挑战，这与国务院即将出台的《互联网金融健康发展指导意见》中协同监管与创新监管等思路亦吻合。因而，融合型金融监管的思路和机制设计，已经融入互联网金融信用风险规制的信息工具之中。其他金融领域的风险监管，与互联网金融信用风险规制应有相通之处。

---

① 根据欧盟 2020 战略（Entrepreneurship 2020 Action Plan）和金融工具指令，金融服务主管部门应依据《说明书指令 PD》（Directive 2003/71/EC）第 3 条，对项目发起人履行说明义务进行监督；该指令第 3 条规定发行投资工具的发行人负有发布说明书的义务；但若向合格投资者、发行金额或对象符合该条第 2 款规定则不在此限。Art. 3, Directive 2003/71/EC.

② Article 12 (2), The FCA's Regulatory Approach to Crowdfunding Over the Internet, and the Promotion of Non-Readily Realizable Securities by Other Media, March 2014.

③ Article 12 (3), The FCA's Regulatory Approach to Crowdfunding Over the Internet, and the Promotion of Non-Readily Realizable Securities by Other Media, March 2014; also see the Green Paper Towards an Integrated European Market for Card, Internet and Mobile Payments, 2011.

二、金融消费者保护路径

（一）金融消费者概念界定

1. 静态金融消费者概念界定

（1）统一的金融消费者概念界定

金融消费者保护法律体系以金融消费者概念界定为制度起点，根据金融消费者概念所揭示的金融消费者主体特征而对其权利予以确定，并据此形成金融消费者权利保护制度的法律体系。因此，在我国金融消费者保护法律制度酝酿之际，金融消费者概念还必须承担起其制度功能：引导以金融消费者权利实现为核心的金融消费者保护法律制度的形成。

由于我国金融消费者不但在与金融机构的交易中处于弱势地位，而且正如金融学理论所揭示的，金融消费者具有异质性。两者结合，一方面导致金融消费者在信息获取和应用上的弱势，另一方面也为金融机构利用金融消费者的自身局限性做出偏离理性甚至错误的投资决策。因此，为了矫正这种不平等的交易关系，增强金融消费者理性选择的能力，我国金融法制度设计中应当引入金融服务者的说明义务、一定的适合性原则。① 金融机构对金融消费者的说明义务，主要是指对包括金融商品本身的性质、结构与风险等在内的，可能会导致金融消费者损失的事项进行充分说明，包括金融商品的利息、价格、行情变动、风险高低以及是否会产生本金损失等内容进行说明，其目的是为了增加金融消费者与金融机构之间信息的对称性。相比起以行政制裁为手段的强制性信息披露义务，一对一的说明义务强调金融服务者应当

---

① 2011 年 12 月，我国银监会已经出台了《银行理财产品销售管理办法》，2012 年 8 月证监会颁布了《证券公司代销金融产品管理规定（草案）》向社会公开征求意见，主要导入了上述说明义务和适合性原则。

向金融消费者就金融商品和服务的重大信息予以实质说明，从而让消费者能够有效获得和利用信息并做出合理的预期，这比一对多的强制性信息披露制度更进一步,[①] 也更加符合金融市场公正价格形成的首要要素——让市场参与者获得所有可得的信息的要求。[②]

同时，我国对金融服务者的行为规制相对滞后，且在不同的金融行业中规则也不统一。因而，我国金融立法应当构建全面而统一的金融服务者行为规则体系。在这个层级的架构里，需全面导入适合性原则，适合性原则是对说明义务的强化，也是检验金融服务者是否真正履行说明义务的必要保障，其强调将合适的商品和服务推荐给合适的消费者。适合性原则将判断消费者是否适于购买某项金融商品的责任在消费者与金融服务者之间重新进行分配，从消费者完全“自己责任”转化为消费者与金融服务者的“共同责任”。当交易双方力量对比明显不均衡、交易商品无法事先接受检验时，“买者自负”原则的适用受到限制，并应当通过加强卖方的注意义务和责任等更为公平的法律制度设计来恢复交易双方平等的交易地位。[③] 而在该原则中规定金融机构需要对不当诱导金融消费者的行为承担责任，则体现了对金融消费者的协商能力、承受金融服务者及其员工的不当劝诱或诱导能力的考虑。适合性原则把降低金融消费者在信息和决策能力上的局限性的责任适当分担给了金融服务者，而这也是实现金融市场公正价格机制的重要条件。与适合性原则相似，但在概念上又有所区别的是禁止不当劝诱的原则，即与投资者的具体情况无关可能会给投资者的健全性投资判断带来损害的所有行为都应当予以禁止的原则，一般包括禁止性劝诱、非邀请劝诱和再劝诱。

---

① 朱慈蕴:《金融中介机构在金融活动中说明义务与社会责任之探讨》,《商事法论集》第18、19合卷，第233页。

② Eugene F. Fama. *Efficient Capital Markets: A Review of Theory and Empirical Work*, The Journal of Finance, Vol. 25, No. 2, May, 1970, pp. 383 – 417.

③ 何颖:《金融交易的适合性原则研究》,《证券市场导报》, 2010年2月。

说明义务、适合性原则和不当劝诱原则主要是对金融机构利用金融消费者的局限性，如有限理性和异质性而诱导其做出不利于自身利益最大化，且有可能扭曲金融市场价格的行为予以限制或禁止。以此类制度为主要内容的金融法可以命名为《金融商品销售法》，该法是对现有的分割型的金融行业法规制体系的填补和补充，是横向统合规制的金融服务统合法的典型代表，作为大陆法系国家的日本，最先实践了第一层次架构的金融消费者保护立法，为其他国家树立了典范。

（2）类型化金融消费者概念界定

基于金融学资产—资本定价理论，统一的金融消费者需要进一步分为一般的金融消费者和专业的金融消费者。金融学资产—资本定价理论通常认为，金融市场参与者的理性选择能力与其风险承受能力成正比。对金融市场参与者而言，其经济能力和专业能力会对其风险承受能力产生重要影响，同时投资者自身的心理因素也是重要的影响因素。财力、专业能力以及由此而引发的心理因素对投资者是否能够在金融市场信息完全、充分竞争且无交易成本的情况下，在新的信息进入市场时，对金融投资商品的将来风险与回报做出理性预期起到关键作用。因此，从金融学资产—资本定价理论为投资者的市场行为提供的理论解释中，我们可以得到启示，可以从财力、专业能力的角度对我国金融消费者分为一般金融消费者和专业金融消费者。

① 以金融消费者的财力为划分标准

金融消费者的财力是其抵御市场风险能力的重要标志，部分金融消费者在财力上与金融机构相当，而另一部分金融消费者在财力上远远不及金融机构和专业金融消费者，因而，它们抵御金融市场风险的能力较弱，在金融市场表现出较多的不确定性，发生危机时，它们也往往首当其冲，遭受的损失比较严重。因此，将那些经济实力与金融机构相当的金融消费者界定为专业金融消费者，而将整个金融消费者范畴中不符合专业金融消费者财力要求的主体视为一般金融消费者（非专业金融消费者），就成为具有代表性的立法例，这在欧盟、英国、新加坡和中国台湾等国家和地区的立法中有明显的反映。因此，我国大陆金融立法可以借鉴这些代表性立法例中将财力或经济实力作为专业金融消费者与一般金融消费者划分标准的做法。

具体来说，通过企业规模标准界分专业金融消费者与一般金融消费者，即考察企业资产负债表上的资产总额、净资产额、自有资金或净业务流量，设定自然人、法人或其他组织的自有资产、总资产以及净资产标准，将符合特定金额的金融消费者界定为专业金融消费者，是这些国家的主要做法。在具体标准上，欧盟规定，大型企业必须达到或超过下列三个标准中的两个：（1）资产负债表上的资产总额2000万欧元；（2）净营业额4000万欧元；（3）自有资金200万欧元①。英国以欧盟的认定条件为蓝本，另外还增加了一个条件，即：总资产超过1000万英镑的公司或合伙；达到以下三个标准中两个的公司：（1）总资产超过1250万欧元；（2）净业务流量超过2500万欧元；（3）员工数目超过250人②。新加坡规定：如果是自然人，则要求其个人资产必须超过200万新币，或其前12个月的收入超过30万新币③；如果是法人，则要求其最近资产负债表上的净资产超过1000万新币④。台湾地区规定：属于“专业机构投资人”的法人包括最近一期经会计师查核或核阅之财务报告总资产超过新台币5000万元之法人或基金；如果为自然人，则必须经该自然人提供新台币3000万元以上的财产状况证明⑤。对此，中国大陆也可以借监此种方法，将符合特定资产标准或投资标准的自然人或其他组织界定

---

① MiFID. Annex II, section 1.

② FSA Handbook. COBS 3.5.2 (3) R.

③ Securities and Futures Act. section 4A (1) (a) (i).

④ Securities and Futures Act. section 4A (1) (a) (ii).

⑤ 《境外管理规则》第3条第2项第1款、第2款，及《银行应注意事项》第3条第1项、第2项。

为专业金融消费者，此外的划分为一般金融消费者。

② *以金融消费者的专业能力为划分标准*

专业能力是指金融消费者在做相关投资决策时在知识、能力和经验上具备的能力，这种能力上的差异往往被视为专业金融消费者与一般金融消费者的主要差异。相对于专门从事金融投资的专业金融消费者，一般金融消费者不仅在财力上远远逊于专业金融消费者，而且通常不具有专业的投资知识、经验和能力，而是根据某金融投资商品的交易量或者对特定金融服务的消费需求做出投资决策，他们对市场风险的认知能力普遍不强，更容易做出非理性决策。

以专业能力为标准对金融消费者进行划分，可以参照欧盟、韩国对专业投资者和一般投资者划分的做法。在欧盟，MIFID 附则中把国家或地方政府、发行公债的公共机构、中央银行以及国际或超国家机构（例如世界银行、国际货币基金组织、欧洲中央银行等），以及主要业务是投资金融工具，包括主要从事资产证券化或其他金融交易的机构投资者规定为专业客户①。在韩国，依据《资本市场统合法》的规定，专业投资者是指国家、韩国银行，以及总统施行令所确定的金融机构、证券上市法人及总统施行令规定的其他主体（第 9 条第 5 款）。

在统一金融消费者概念下，我国金融立法中的专业金融消费者概念界定可以参照上述国家和地区的做法，将包括国内外之银行业、证券业、期货业、保险业、基金管理公司及政府投资机构，国内外之政府基金、退休基金、共同基金，单位及金融服务业依证券投资信托及顾问法、期货交易法或信托业法经理之基金在内的金融机构，国家或地方政府发行公债的公共机构，以及包括世界银行、国际货币基金组织、欧洲中央银行等在内的中央银

---

① MiFID, Annex II, section 1.

行、国际机构和超国家机构界定为专业金融消费者。

如上所述，我国金融立法上可以借鉴财力和专业能力的认定标准对专业金融消费者进行界定，将不符合专业金融消费者标准的金融消费者划分为一般金融消费者。同时由于金融市场和金融消费者专业能力和财力的变化，金融立法还应当进一步采用灵活的标准来认定专业金融消费者和一般金融消费者。

2. 动态金融消费者概念界定

(1) 动态金融消费者概念界定的必要性

金融消费者概念的界定，在金融消费者保护、确保金融市场功能目标实现的基础上，还应当兼顾金融市场的效率和自由，这就要求金融立法突破静态的金融消费者概念，引进动态的金融消费者概念。①

从静态的角度界定专业金融消费者与一般金融消费者，仅实现了对两种具有异质性的金融消费者的“一次分类”。但是金融消费者理性程度和认知能力可能会随着金融商品创新或投资者教育等发生改变，我国金融监管机构出于经济情势和公共利益考虑也可能提高或者降低对特定金融消费者的财力和专业能力的要求，所以仅仅对专业金融消费者与一般金融消费者进行“一次分类”可能桎梏某些能够抵御金融市场风险的金融消费者的投资选择，也可能在市场发生巨大变化时，仍将风险承受能力已经严重下降的金融消费者排除在金融消费者保护的范围之外，从而增加其做出非理性决策而遭受损失的可能性。因而，借鉴境外经验，我国金融立法需要考虑通过动态类型化的方式，对专业金融消费者与一般金融消费者进行“二次界分”，并需要完成以下两个目标：第一，需要扩展专业金融消费者与一般金融消费者的外延；

① ［日］上村达男、神田秀树、犬饲重仁：《金融服务市场法制的宏伟设计》，《东洋经济新报》，2007 年，第 33－34 页。

第二，需要实现专业金融消费者与一般金融消费者之间的动态转化。

（2）动态金融消费者概念界定的路径分析

专业金融消费者外延的扩展，是为了让符合要求的一般金融消费者的投资选择权得到保障。在具体界定上，我国金融立法可以参照新加坡①等国家的规定，允许我国金融监管机构认定某类自然人、法人或其他组织为专业金融消费者。一般金融消费者外延的扩展则是出于金融市场情势变更的考虑，即为了减少或避免极端市场情况下，特定高风险金融商品尤其是结构复杂的高风险金融衍生品（如KODA，一种极其复杂的、高风险金融衍生品）对金融市场的冲击，而认定包括专业金融消费者在内的金融消费者均为一般金融消费者，其投资于此类高风险金融商品均需要经过金融监管机构的审查，如对其投资能力或份额等的审查，以避免特定高风险金融商品对金融消费者权益的损害，也避免这类金融商品过度增加金融市场的风险。

扩展专业金融消费者与一般金融消费者的外延，是在两者之间实现动态转化，即一般金融消费者在财力和专业能力等风险承受能力提升的前提下，可以被认定为专业金融消费者；专业金融消费者在金融市场情势变化的情况下，也可以被认定为一般金融消费者。欧盟金融工具市场指令中，专业客户依请求并与金融机构间达成书面协议，可以要求得到非专业客户即零售客户的待遇，得到更多的倾斜保护；而零售客户也可以放弃受到保护的权利，在金融机构对其进行适合性评估测试等程序之后，可以提升至专业客户。② 日本法中也有两者之间的动态转化，在2006年日本《金融商品交易法》中，投资者保护基金等其他内阁府令的法人可以向金融商品交易业者等提出申请后变更为“特定投资者以外的顾客”即一般投资者（第34条之2）。相对应

① Securities and Futures Act section 4A (1) (a) (iv).

② MiFID, Annex II, section 2.

的，一般投资者中的法人，同样依申请可以变更为特定投资者（第34条之3）。自然人基本上都是一般投资者，但若财力、知识或经验等状况相当于特定投资者，符合内阁府令规定要件的情形，提出申请后经严格的审查程序可以变更特定投资者（第34条之4）。

关于专业金融消费者和一般金融消费者之间动态转化问题，我国立法可以考虑参考欧盟和日本的立法例。按照投资者和传统金融消费者的财力、专业能力和风险承受能力的差异，首先应当突破自然人与法人的局限，财力和专业能力远远逊于金融机构法人也应被视为一般金融消费者，而财力和专业能力较强、能够获取金融市场信息并据此对金融投资商品的将来风险与回报做出合理预期的自然人，则可以申请成为专业金融消费者。更进一步，在动态转化中，还应当考虑适用情势变更原则，根据市场情况的变化，尤其是在金融市场不确定性显著增加，且专业金融消费者在尽合理谨慎义务之后，仍旧无法对过于复杂的金融商品的将来风险和收益做出合理预期时，允许两者在经过申请、审查等严格的程序之后相互转化，使得专业金融消费者通过转化可以获得金融消费者立法的倾斜保护，一般金融消费者通过转化可以投资高风险的金融商品而可能获得较高的收益，以实现金融法律体系的灵活化和动态统一。

当然，专业金融消费者和一般金融消费者的动态转化有其特殊的制度价值，尤其是在金融消费者保护立法明确了金融消费者投资高风险金融商品的准入制度之后，专业金融消费者与一般金融消费者之间的动态转化，方面保护了金融消费者整体的投资权利，另一方面也从微观方面对金融市场风险起到调节和抑制作用。例如依据韩国法的规定，证券上市法人从事场外衍生品等高风险商品交易时，一律将其作为一般投资者对待。我国立法也应明确上市公司、国有企业等机构从事场外金融衍生品交易时，均作为一般金融消费者加以保护，且不允许其投资“有毒”的高风险的场外金融衍生品。也就是说，应严格区分和剔除“有毒”金融产品，专业金融消费者、一般金融消费者故意投资“有毒有害”金融投资商品的行为，则属于故意扭曲证券市场价格、破坏金融市场功能的行为，这类行为显然不应受到金融消费者法律制度的保护。因此，这类主体在法律适用上，也应当被排除在金融消费者的范畴之外。

3. 我国金融消费者概念界定的总结

基于以上的分析和论述，我国的金融消费者应当定义为：“从金融机构购买金融投资商品或接受服务的自然人、法人或其他组织，分为专业金融消费者和一般金融消费者。其中符合以下条件的主体应被视为专业金融消费者：（1）专业投资机构；（2）符合一定财力、专业能力和风险承受能力的自然人、法人或其他组织，专业金融消费者的范围和一定财力、专业能力和风险承受能力等标准由金融监管机构予以规定，一般金融消费者即是非专业金融消费者。”这样，监管机构可以根据市场发展情况，对专业金融消费者的范围、一定财力、专业能力和风险承受能力的标准予以调整，以形成具有动态性和包容性的金融消费者概念。一方面允许专业投资者可以申请转化为金融消费者，从而接受立法对其的保护；另一方面也允许具有一定财力、专业能力和风险承受能力的自然人申请成为专业投资者，进行高风险的金融投资活动，这样就实现了消费者弱势保护和市场功能确保的金融法内在价值目标的有机统合。

（二）金融消费者保护不足——金融风险规制失灵

金融风险是互联网金融交易的基本要素。互联网金融在优化金融市场的资金融通和价格发现功能的同时，也最大限度地利用、分散和传递金融风险。互联网金融市场的兴起，即在于其吸收了小微投融资者，并对金融资产做了小额化处理，将融资者和平台能提供的市场流动性，与投资者投资额度及所能承受的金融风险相匹配。因而，把传统金融极少能覆盖的小微初创企业、新兴行业和社会公众，都融入信用交易之中。[①] 然而，融资者负债和市场杠杆也随之增加。易言之，互联网平台在包装和销售小额化金融资产的同时，也将金融风险扩散到了广大小微投融资者之间。

金融风险以信用风险即货币的时间价值为基本内核，同时又衍生出多重风险。互联网金融风险的主要表现形式包括：融资者利用 P2P 和股权众筹平台进行债权与股权交易的信用风险，P2P 和股权众筹融资者，由于信息不对称而产生的道德风险或逆向选择，以及因信用交易中信息不对称、市场摩擦过大和投资者非理性，而导致的错误定价、市场信号扭曲的系统性风险。所以，如何防范上述金融风险并保护金融消费者，则成为互联网金融功能之实现、金融市场安全之维护、信用交易之规范有序以及金融系统性风险防范的根本。

互联网金融是市场主体对当前分业监管进行监管套利的结果，其基本游离于现行金融法规制之外。以合同法和非法集资立法为主要内容并对债权交易进行规制的民间借贷立法，以及非法公开发行证券立法，[②] 通过变相吸收公众存款罪和擅自公开发行证券罪，为 P2P 型债权融资和股权众筹型股权融资，设定了法律红线。

在该法律红线内，只有符合合同法债权转让和居间合同规定的 P2P 交易，才能被认为是规范的民间借贷的网络化交易。只有符合合伙、公司和证券法相关规定的股权众筹，才具有合法性。P2P 若采用资金池、专业放贷、承诺回报或公开宣传等形式，则因具有非法性、公开性、利诱性和社会性，存在被认定为非法集资罪的风险。

---

① 谢平、邹传伟：《互联网金融模式研究》，《金融研究》，2012 年第 2 期。

② 彭冰：《非法集资行为的界定——评最高人民法院关于非法集资的司法解释》，《法学家》，2011 年第 6 期。

股权众筹若涉众人数超过有限合伙企业有限合伙人或有限责任公司股东人数上限，或超过非上市股份有限公司股东人数上限，则被认定为非法公开发行证券。同时，在《关于规范商业银行理财业务投资运作有关问题的通知》（以下简称该《通知》）规范非标资产证券化交易之前，P2P 平台建资金池、拆分债权及重新配置债权的行为并不受监管。该《通知》也仅仅规范了债权形式的 P2P 等非标资产，限制了 P2P 平台直接经营资产证券化业务，但并不影响 P2P 平台通过正规资产证券化交易所发行资产支持证券。

因而，投融资者以 P2P 平台和股权众筹集资门户所进行的涉众性债权和股权融资，一方面，因合同法、证券法和证券投资基金法等立法的诸多限制，而受到不合理规制。另一方面，大量游离于民间借贷网络化和私募股权众筹形式之外的互联网金融交易，也处于立法空白与监管漏洞之中。

然而，如果仅仅将缘起于投融资者需求的互联网金融交易，归咎于市场主体的贪婪，则与金融法之包容性渐行渐远。事实上，即使是对民间借贷和私募进行规制的合同法和证券法等立法，也并未显现出“徒法即足以自行”的虚妄，恰恰相反，其规制逻辑是建立在民间借贷和私募的熟人社会信用交易属性之上的。民间借贷可通过担保或保证等私人信用传递方式以及合同的履行，来实现交易信息的对称。① 私募则通过有限合伙或私募项目发起人之间固有的社会关联及私人信用传递方式，来约束具有互赖关系的特定社会主体之间的股权融资风险。换言之，正是由于契合于熟人社会信用交易自发的风险约束逻辑，合同法规制和证券法规制才能发挥作用。

在自发的风险约束逻辑方面，尽管互联网金融也通过信息技术，在陌生

① 现实生活中，民间借贷属于关系金融，以熟人关系作为交易和契约执行的基础，交易完成和契约执行大多不会借助法律救济。陈志武：《金融的逻辑》，国际文化出版公司，2009 年，第 120 页。

人主体之间，拟制了熟人社会交易场景和规则，但其本质仍是公开化的陌生人主体交易，跨市场、跨地域甚至跨国境的现象非常普遍。[①] 所以，互联网金融交易模式并不能被民间借贷和私募所涵盖，这也决定了债券交易和私募交易规制逻辑，在面对互联网金融的公开证券发行和资产证券化等业态时，往往捉襟见肘。

互联网金融信用风险与民间借贷风险之差异，在于陌生人主体之间以熟人社会的信用交易模式为交易规则，在投资者对融资者、社交网络和互惠信任规则的信赖中，产生了信息，因而，该信息即已裹挟着信用风险。陌生人投融资主体以互联网平台为媒介的信息供给和信用信号传递，还可能裹挟着道德风险。这两类风险的累积，也为系统性风险的产生提供了土壤。

具体而言，互联网金融以小微融资者的负债比例更高的债权资产和风险溢价比例更高的股权资产为主要交易对象，由平台或集资门户将小额高风险资产提供给投资者。出于融资需求，交易不仅以投资者为核心，而且往往突破资产净值等投资者适当性原则的限制，投资者也因此在金融风险面前处于首当其冲的位置。

与此同时，互联网金融平台及融资者的信用风险及道德风险，既不在民间融资市场自发的风险约束逻辑之下，也不在民间金融立法及私募立法的风险规制逻辑之下。所以，事实上自2013年之后，依赖于担保或刚性兑付来吸引投资者的P2P债权交易或资产证券化交易，已经频现平台倒闭、担保公司破产和跑路等现象。通过小额股权发行、发起人兜底偿债和明股实债等形式来吸引投资者的股权众筹，也出现项目良莠不齐和信息披露不实等问题，反映出投资者权利失衡的现实性及权利保护的急迫性。

总之，投资者和金融消费者保护问题，是互联网金融风险规制的首要问

① 谢平、邹传伟：《互联网金融模式研究》，《金融研究》，2012年第2期。

题，也是牵一发而动全身的问题。

（三）互联网金融消费者保护的法律进路

互联网金融缔造了一个以金融消费者为中心、可依托大数据平台实现信息有效传递和分散的竞争型直接金融市场。若法律规则能保证投融资者的充分竞争和合理博弈，则金融资产公正价格形成、信息有效传递和金融风险有效分散与共担的市场环境，即有可能在大数据平台和征信体系的支持下得以实现。这是因为，在信息充分的前提下，市场价格实际上是金融风险的公开市场定价。[①] 正如有效市场理论所描述的，市场价格能够反映所有可得的信息，金融资产价格在新的信息进入市场时也能随之发生相应变动，该理论的隐喻，即为信息可被内置于金融资产交易价格。由于金融资产以风险为介质，因而，信息对金融市场价格形成的独特作用在于，信息能反映所有风险，并让金融资产的风险结构透明化。

金融消费者在互联网金融市场中的现实作用包括，作为资金供给者，决定互联网金融市场的规模；作为价格接受者，约束融资者和平台操纵市场的行为；[②] 作为金融风险利用者，在风险吸收能力与金融资产风险匹配时，充分而合理地吸收金融风险；作为信息传递者，以价格信号为主要工具，将金融资产风险和市场竞争状况，传递给潜在金融消费者。同时，由于金融消费者的投资决策基本取决于价格信号所传递之风险信号，所以，实际上金融消费者对互联网金融的作用机制，在于其吸收金融资产风险及融资者信用风险之程度。

---

① Sanford J. Grossman & Joseph E. Stiglitz, Information and Competitive Price Systems, 66 (2) The American Economic Review, 246 (1976).

② 所谓价格接受者，是指只有金融市场为充分竞争市场，市场中的所有投资者和金融消费者才能成为价格接受者。Oliver E. Williamson, Transaction-Cost Economics: The Governance of Contractual Relations, 22 (2) Journal of Law and Economics, 234 (1979).

由于金融资产风险及融资者信用风险的大小，与互联网金融市场的竞争程度反向相关，因而，金融消费者对互联网金融市场的作用机制，可以具体化为——金融消费者的市场准入、与融资者和平台的合理博弈、依托平台获取公开信息及对金融资产的风险利用等多种因素的综合，这在互联网金融市场的价格形成和资金融通功能中表现得尤为明显。

然而，由于立法空白和监管漏洞，融资者利用 P2P 和股权众筹平台进行的债权与股权交易的信用风险，信息披露系统不完善而导致的道德风险，以及两者在市场摩擦过大和投资者理性缺失条件下杠杆性传递而导致的系统性风险，均未被有效规制。金融消费者作为互联网金融市场的资金供给、风险吸收和价格接受主体，也置身于信用风险、道德风险和系统性风险之中，这也决定了互联网金融风险规制之解决信息不对称和实现投资者风险吸收能力与金融资产风险匹配之逻辑，以及互联网金融风险规制之促进竞争、风险暴露和风险分散范式，均应将金融消费者对互联网金融市场的作用机制，内置于其逻辑结构与具体范式之中，形成以金融消费者为主导的金融风险规制规则。

我国互联网金融消费者保护制度对互联网金融风险规制范式的作用机制，应包括：第一，确认以 P2P 平台进行的债权或资产证券化型融资、公募型股权众筹融资的合法化。降低融资者准入门槛和交易成本，鼓励小微初创融资者入市；当融资者融资达到一定限额时，则要求其退出互联网金融市场并通过其他市场融资，便利融资者在市场间进行身份和资金的转移。第二，鼓励小额融资和发行机制，鼓励小微初创融资者以资产拆分或投资组合等方式优化小额资产。第三，建立信息甄别机制，[①] 完善大数据、征信体系、信用风险定价及其公开信息披露等制度，挤出市场中存在的融资者信用风险及

① Michael Spence, Job Market Signaling, 87 (3) The Quarterly Journal of Economics, 364 (1973).

融资者与平台道德风险。第四，建立投资者分类制度；允许专业投资者、高资产净值投资者和机构投资者参与投资；鼓励其以套利交易挤出噪声交易者；授予非专业投资者和非高资产净值投资者以是否接受适合性原则保护的选择权；完善投资者救济机制。第五，根据投资者分类，完善投资者风险压力测试，建立可转换资本和风险备付金等风险预警及风险转移机制。第六，健全竞争机制，禁止融资者或平台垄断市场或内幕交易。因此，我国互联网金融消费者保护的法律进路，也可依据金融消费者对互联网金融风险规制范式的作用机制渐次展开。

02 互联网金融风险与安全治理的四个维度

互联网金融风险与安全治理可以从平台、产品、交易过程中及事后四个维度进行。

一、互联网金融平台的风险与安全治理

随着金融混业经营趋势的加强，金融集团公司、金融控股公司如雨后春笋般出现。迄今为止各国形成了两种主要的金融混业经营形式，分别是以德国为代表的全能银行制和以美、日为代表的金融控股公司制。

全能银行制是在金融机构内部设置若干业务部门全面经营银行、证券和保险业务，包括全面的存贷款、证券、结算、租赁等。而金融控股公司模式，就是通过金融控股公司的设计，母公司只需投入少量资金，即可控制整

体庞大金字塔的基层营运单位，对金融业者跨业经营的发展，经营成本的降低和整体竞争力的提升发挥了重要作用。

金融组织的统合规制在世界范围内已有所印证。如美国 1999 年 GLB 法的规定，将以往根据受理业务主体不同（分为银行、证券公司、保险公司）而进行的金融监督制度，伴随着相互交叉，按照功能（分为银行业务、证券业务、保险业务）分别整理修正，以往针对不同组织而进行的分业监管模式实际上已经只是徒具形式。自此，美国真正进入了混业经营的时代，金融控股公司等金融统合组织获得了高速发展。

笔者认为，互联网金融的发展，充分体现了大融合、大混业、大金融的趋势，在此大背景下，对于金融机构性质的平台风险与安全治理应更加强调统合规制。而对于没有金融机构牌照的平台，销售金融产品或提供金融服务也应当遵循合法机制，作为类金融机构在准入、日常经营、退出等各个环节进行监管。

二、互联网金融产品的风险与安全治理

互联网金融产品创新会加剧混业、大融合和金融产品的复杂化。一方面，金融脱媒使金融产品更加简单，资金融通更加容易，通过互联网，使得金融创新回归了资金融通服务于实体经济的本质；另一方面，创新的互联网金融产品也增加了风险因素，新的互联网金融产品创新与传统的资产证券化金融衍生创新相融合。既有新的方式，又有传统的资产证券化金融产品创新模式在其中，所以风险及安全问题会更复杂。

互联网金融创新产品和传统金融产品最大的区别是更加体现了金融脱媒和金融混业，因此，对于平台或机构的监管已远远不够，必须强调产品维度的风险与安全治理，而且需加强网络化、数据化的治理技术。

三、互联网金融交易过程中的风险与安全治理

传统金融交易主要分两类，一类是场内交易，传统法律监管主要围绕着场内的产品与交易行为进行；一类是场外交易，也就是金融零售市场，现在越来越成为立法监管的重要内容。

传统场外交易过程中的风险与安全治理重点在于四个方面：一是充分的信息披露，场内的信息披露是一对多的，是广而告之的，场外的信息披露则强调一对一的；二是必须让消费者充分了解这个产品卖的是什么东西，需要尽到充分的说明义务；三是零售金融产品销售必须遵循适当性原则，不能将高风险的产品卖给承受不了高风险的消费者，应将一定风险和收益率的产品卖给相匹配的消费者；四是冷静期制度，场外一对一的金融产品，买了之后的一周时间内可以退。

与传统的场内、场外交易的区分不同，互联网金融交易将场内和场外打通，将一对多和一对一的交易变得很难界定。哪怕是私募的，比如众筹，原来是私下的，但是通过互联网后就变成公开的。

因此，笔者认为，对于互联网金融而言，交易过程中的风险与安全治理措施需要进行改进。一方面，在网上销售金融产品时采取适当性原则，原来在场外只能一对一进行交易，而现在在场外应依据大数据判断，将适当的互联网金融产品销售给合适的消费者；另一方面，在给予网上金融消费者更多选择权的同时，给予其更多保护。尤其是信息披露，一定是有针对性的、有效性的，要标出重点信息条款，在网上更容易做到重点信息披露的有效性。

四、互联网金融事后风险与安全治理

网上金融交易后可能存在一些问题，事后也应建立完善的风险与安全治理机制。

一是电子证据问题，电子合同很容易被篡改或伪造，那么就必须考虑有效的证据。目前已经有相关可以固定交易证据的技术手段，但许多平台尚未使用，需要进行推广。电子合同说起来是事后的纠纷解决，实际上事前就要做到充分的证据保障。

二是纠纷解决的方式问题，网络交易迅速、频繁，但是每笔的交易金额可能非常小，如果靠司法途径成本太高，如果靠集团诉讼必须有法定依据，否则实现不了，如果靠仲裁花费也太高，只有靠调解。网上高效快捷的调解机制是互联网金融创新纠纷解决机制的必然选择。例如，阿里巴巴已经构建了庞大的网上快速、高效、便捷的纠纷解决机制，形成了庞大的类司法救济体系，有大量网络调解员。笔者认为，互联网金融纠纷解决机制的完善特别应该吸收金融纠纷解决当中的 FOS 制度（金融督察员/金融审查员制度）。它结合了调解和仲裁的各自优势，但又不同于调解和仲裁，在网上可以快速高效地解决纠纷，而且不需要见面，根据大数据判断谁对谁错，应该赔多少。在当督察员做出裁定之后，金融机构必须接受，而消费者若对裁定结果不满意还可以再起诉，FOS 是快速解决小额纠纷必须要考虑的。

三是根据互联网金融产品与服务的特点导入冷静期制度。如价值实时波动较大的金融产品则不宜设置冷静期，而像周期较长且短期内交易达成的基础不会发生重大变化的互联网保险等则应导入冷静期制度，以更好地保护金融消费者。

03 互联网金融风险与安全治理范式

由于互联网金融通过平台实现金融脱媒，以小微初创型融资者、非专业且非高资产净值投资者为主要交易主体，交易涉众，以投资者为中心，同时平台角色又非常多，类似于信息中介、准监管中介和准交易所。因而，从互联网金融风险规制之解决信息不对称问题和实现投资者风险吸收能力与金融资产风险相匹配的逻辑出发，应把交易主体道德风险和机会主义行为所导致的交易不确定性，以法律方式予以剔除，而互联网金融的脱媒属性，也决定了披露融资者信用风险及金融资产风险，应成为互联网金融风险规制的首要范式，这也可被称为“风险暴露”范式。

互联网金融以中小融资者和不特定的非专业或非高资产净值投资者为主要交易主体，利用 P2P 平台进行的借贷、资产证券化或利用股权众筹平台进行的融资均有小额化的特点。借助互联网金融平台进行的网络理财、P2P、债权证券化和股权众筹，又都具有高风险的特点。因而，金融资产的风险即债权型金融资产杠杆或股权型金融资产风险溢价，就会非常高，可能远高于民间借贷风险，也高于以银行信贷或抵押房地产为基础资产的资产支持证券的风险，更高于主板、创业板或新三板市场中的证券风险。

金融资产及融资者信用风险过高，会导致投资者收益的不确定性大幅提高，因而，投资者投资于互联网金融资产的额度不宜过大，否则投资者以其净资产吸收的金融风险就会过高，也因此并不符合谨慎投资人标准。同时，投资者投资于单一 P2P 平台和股权众筹项目的额度也不宜过高，否则，投资者吸收的单一金融资产风险就会过高，一旦出现违约、欺诈或系统性风险，不仅投资者会首当其冲，而且通过金融市场规则或借助法律规则，来分散投资者风险的难度也会相应变大。

所以，在解决信息不对称问题及实现投资者风险吸收能力与金融资产风险相匹配之逻辑的约束下，投资者投资额占其净资产的比例，及单一投资者投往同一金融资产的累积投资额，均应受到限制，这也可以被概括为互联网金融投资的“风险分散”范式。

同时，由于互联网金融市场，是准入门槛较高的银行及证券市场无法满足小微初创投融资者需求的产物，具有准入门槛低、鼓励竞争和优化资源配置的功能。因而，基于解决信息不对称问题及实现投资者风险吸收能力与金融资产风险相匹配的逻辑，互联网金融风险规制范式，也不应囿于作为涉众型监管范式必然推论的非法集资罪、民间借贷网络化或私募，而应契合于金融市场内生的交易形态，通过提高市场透明度和降低准入壁垒，来促进竞争，这也可以被称为“促进竞争”范式。

综上，依循金融风险规制逻辑并结合互联网金融创新，而演绎出的互联网金融风险规制之风险暴露、风险分散和促进竞争范式，与涉众型监管和适合性原则的主要区别，就在于其不仅以金融风险为规制对象，而且以披露和配置金融风险为规制手段。相比起提高投融资者准入门槛、限制市场主体数量及规范投资者风险特征等虽可达到金融风险控制目标，但也会扭曲金融市场之公正价格形成功能和资金融通功能的规制手段，披露和配置金融风险，不仅更为直接，而且也更节省交易成本。

第二章

互联网金融风险专项整治方案解读

互联网金融行业在迅猛发展的同时，以 P2P 倒闭潮为代表的风险正在爆发，互联网金融一度成为金融监管的风口。2016 年 4 月中下旬，一场由国务院决策部署、多个部委共同参与行动的互联网金融专项整治在全国范围内展开，央行、银监会、证监会、保监会分别对网络支付、网络借贷、股权众筹和互联网保险等领域开展专项整治活动。

互联网金融专项整治活动的意义在于：一是有助于消除行业乱象，整顿行业秩序，防止“劣币驱逐良币”，维护金融消费者利益。二是有助于真正筛选出互联网金融的优质企业与平台，服务实体经济和满足中小企业的融资需求。三是有助于把握互联网金融的本质、概念及其特征，为今后互联网金融监管决策的出台与监管活动的实施提供坚实的基础。

同时，也应认识到，整治是手段而不是目的，不是通过各种整治活动打压互联网金融的正常发展态势，而是通过整顿敦促互联网金融行业回到正轨，帮助互联网金融行业健康、稳定、可持续发展，最大程度发挥互联网金融的优势，促进社会资源的优化配置，也使老百姓真正享受到改革开放的金融红利。

从法律角度讲，对互联网金融行业的整治需重点从以下几个方面把握，既要整顿、清理、排查互联网金融行业现存的问题及风险，又要避免过度执法，从而打击互联网金融行业的创新。

01 为什么整治

2016 年 10 月 13 日，国务院办公厅公开发布《互联网金融风险专项整治工作实施方案》，同时，央行等十七部委发布了包括互联网资产管理、第三方支付、P2P 网贷、股权众筹、互联网保险等在内的六个细分领域风险整治方案。正式对外公布互联网金融整治方案的时点很特殊，选在了国家“双创周”开始的第二天，彰显了互联网金融发展新经济、培育新动能的重要作用，突出了其对于“大众创业、万众创新”工作的特殊性和重要性。

互联网金融是金融与互联网相互融合形成的新型金融业务模式。发展互联网金融是加快实施创新驱动发展战略，推进供给侧结构性改革，促进经济转型升级的重要举措，对提高我国金融服务的普惠性，促进大众创业、万众创新具有重要意义。但是，互联网金融毕竟是个新生事物，在快速发展中积累了不少问题和风险，产生了较大危害。一些业态偏离正确创新方向，在“劣币驱逐良币”效应下，真正有价值的互联网金融创新受到挤压；一些机构有意逃避监管，滥用不正当竞争手段，扰乱了正常的经济金融秩序；一些机构挪用或占用客户资金，甚至蓄意制造庞氏骗局，一旦难以为继、风险暴露，往往导致投资者血本无归，还可能引发市场恐慌，波及其他金融业态，影响金融稳定乃至社会稳定。近期，股市 HOMS 配资、e 租宝、泛亚有色、上海快鹿、中晋系、深圳国玺、融宜宝等风险事件屡见报端，互联网金融领域积聚的风险隐患成爆发趋势。

对此，党中央、国务院高度重视，2016 年政府工作报告中将规范发展互联网金融作为全年深化金融体制改革的一项重要内容，开展互联网金融专项整治是贯彻党中央、国务院决策部署的重要举措，同时也是整顿互联网金融秩序，防范金融风险的必然之举。从短期看，开展互联网金融专项整治是要扭转部分业态偏离正确创新方向的局面，遏制互联网金融风险案件高发、频发势头，牢牢守住不发生区域性、系统性金融风险和不发生大规模群体性事件两个底线；从长远看，则是为了总结互联网金融治理经验，建立和完善长效机制，实现规范与发展并举、创新与防范风险并重，促进我国互联网金融规范、有序、健康发展。

02 谁来整治

专项整治工作复杂艰巨，必须建立有力有效的领导机制，成立专门的工作班子，承担整治工作的主体责任。（1）部门统筹。在中央层面，成立由人民银行负责同志担任组长、相关部门负责同志参加的互联网金融风险专项整治工作领导小组（以下简称“领导小组”），总体推进整治工作，做好工作总结，汇总提出长效机制建议。领导小组办公室设在人民银行，银监会、证监会、保监会、工商总局和住建部等派员参与办公室日常工作。银监会、证监会、保监会和工商总局根据各自部门的职责、《指导意见》明确分工和《实施方案》的要求，成立分领域工作小组，负责统筹相关领域专项整治，全面摸清互联网金融风险的真实情况，发现分业监管难以识别、难以解决的问题，并按照业态性质和监管分工，立规矩、做部署、划界限、搞督导，统筹本领域整治，并指导分支机构参与地方整治工作。（2）属地组织。在地方层面，各地区成立以分管金融的负责同志为组长的落实整治方案领导小组，按照总体方案和分领域专项方案要求，组织开展辖区内整治工作，各地方领导小组办公室设在省金融办或人民银行省会城市中心支行以上分支机构，充分发挥资源统筹调动、靠近基层一线优势，对辖区内情况进行摸底排查，按照企业注册地进行归口管理，根据违法违规情节轻重因地制宜、分类依法处置，全面落实维稳责任。（3）条块结合。互联网金融大多跨业态、跨市场、跨区域，整治工作必须加强跨部门、跨地区协作和沟通，确保整治合力。工信部负责加强对互联网金融从业机构网络安全防护、用户信息和数据保护的监督力度；住建部与金融管理部门共同对房地产开发企业和房地产中介机构利用互联网从事金融业务或与互联网平台合作开展金融业务的情况进行清理整顿；中央宣传部、中央网信办负责互联网金融新闻宣传和舆论引导工作；公安部负责指导地方公安机关对专项整治工作中发现的涉嫌非法集资、非法证券期货活动等犯罪问题依法查处，强化防逃、控赃、追赃、挽损工作；指导、监督、检查互联网金融从业机构落实等级保护工作，监督指导互联网金融网站依法落实网络和信息安全管理制度、措施，严厉打击侵犯用户个人信息安全的违法犯罪活动，指导地方公安机关在地方党委、政府的领导下，会同有关部门共同做好群体性事件预防和处置工作，维护社会稳定；国家信访局负责信访人相关信访诉求事项的接待受理工作；最高人民检察院按照中央统一部署，要求各级检察机关立足检察职能，严格依法办理互联网金融领域涉嫌犯罪案件，对于重大、复杂、疑难案件提前介入侦查、引导取证，严把事实关、证据关、法律适用关，确保案件质量；最高人民法院坚决配合做好专项整治工作，依法打击利用互联网平台进行的洗钱、诈骗、非法集资、非法支付结算和非法证券等各类金融违法犯罪，并积极与相关部门加强协作，为维护金融秩序，坚决守住不发生系统性、区域性金融风险的底线提供有力的司法保障；中央维稳办等做好相关配合工作；中国互联网金融协会发挥行业自律作用，健全自律规则，实施必要的自律惩戒，建立举报制度，做好风险预警。（4）共同负责。互联网金融跨区域、跨领域特征明显，在省级人民政府的统一领导下，各金融管理部门省级派驻机构与省（区、市）金融办

（局）共同牵头负责本地区分领域整治工作，加强跨部门、跨地区协作沟通，确保形成整治合力。

03 如何整治

一、整治思路：以行政手段为主，刑事手段为辅

在互联网金融的整治过程中，应当将行政手段的运用摆在突出的位置，强化相关行政机关的主体责任，对不符合法律法规的互联网金融违法违规活动及时进行查处和通报。第一，面对互联网金融行业乱象，各部门应当出台相关政策加大监管力度，但由于当前我国行政体系复杂多元化，各部门之间相互推诿的现象不在少数，解决此种现象的主要手段就是实施“穿透式”监管。因此需要在整治过程中甚至今后的监管过程中打破“身份”的标签，从业务的本质入手，将资金来源、中间环节和资金最终流向穿透联结起来，按照“实质重于形式”的原则辨别业务本质，根据业务功能和法律属性明确监管规则，使金融监管和风险排查跟上金融创新的速率和步伐，同时避免因监管规则的不统一导致监管套利；第二，相关行政部门可以建立举报和“重奖重罚”制度，构建多渠道的举报制度可以有效发挥社会的监督作用，为整治工作提供线索。另外，还可以推行“重奖重罚”制度，即按照违法违规所得营业额的一定比例进行处罚，以此来增加潜在违法行为的违法成本，强化社会监督机制的机理机制；第三，基于刑事法律的谦抑性特点，应当将刑法的治理手段作为兜底方式，只有穷尽行政手段、社会监督手段后才可以适用，以维护互联网金融行业的创新及其发展。

二、整治过程：运用大数据等新技术进行风险排查

要注重互联网金融专项整治活动与监管的信息化建设，目前来说，应当通过利用大数据手段来进行互联网金融的风险排查。大数据是指通过对庞大的数据进行分析来获取有价值的信息，借助大数据手段可以分析处理数据，以洞察市场行为、降低金融行为的风险指数。在大数据的背景下，每个主体的行为信息都以数据的形式被记录，信息更加透明。在整治过程中借助大数据的手段可以更为科学、合理的研判互联网金融行业的风险点，借助大数据实现及时反应的优势并及时处理潜在的问题，形成交易前、中、后风险控制的联动体系，促进互联网金融市场基础设施建设与监管成本的减少等。通过此次对于互联网金融行业的清理与整顿、风险排查，真正筛选出互联网金融的优质企业与平台，服务实体经济与满足中小企业的融资需求。从更大的层面上来说，通过此次清理整顿活动，掌握互联网金融的本质、概念及其特征，为今后互联网金融监管决策的出台与监管活动的实施提供坚实的基础理论。

三、整治手段：行为监管、功能监管与审慎监管之间的衔接与协调

在十八届四中全会全面推进依法治国的背景之下，此次互联网金融行业专项整治活动的开展符合中央依法治国的决心与理念。“依法治国”在清理整顿活动中体现为有关主体的各项检查、处罚等行为的开展都要依循现有法律法规，在现行法的框架下进行作为，具体来说，就是以现有的公司法、证券法的相关规定以及相关行政法规为依据，辅之以刑事法律来清理、规范互

联网金融行业。

互联网金融专项清理整顿活动中还需要坚持行为监管、功能型监管与审慎监管之间的协调。后金融危机时代，金融商品、金融集团朝着混合化、大型化的发展趋势，金融商品中的交易结构逐渐变得很复杂且混业经营的特征显著，但目前我国金融业的分业监管模式并不适应混业经营大趋势下的金融监管要求。互联网技术的变革产生了互联网金融创新业态，在互联网金融的条件下，混业经营的特征显著，因此也需要实现从分业监管向统合监管的模式转变，注重行为监管与功能型监管，防止混业经营趋势下金融监管真空的出现。此外，行为监管、功能型监管还需要与宏观审慎监管相结合，审慎监管以防范系统性风险为立足点，此次互联网金融行业专项整顿清理也是实现宏观审慎监管的重要途径之一，避免因为互联网金融行业的无序发展引发金融系统性风险。

四、整治核心：构建金融消费者保护基本法律制度

互联网金融行业的清理整顿活动还要以金融消费者保护为最终的落脚点，除了清除互联网金融市场中的违法违规企业及产品外，加强金融消费者教育也是实现整顿目标的重要途径。欧美发达国家的经验告诉我们，金融消费者教育是金融市场建设的基础之一，应该以互联网金融专项清理整顿活动为契机促进金融消费者教育制度的常态化和机制化，通过金融消费者教育做好互联网金融的风险预防。

金融消费者收益的不确定性，来源于金融资产的风险与投资者的风险吸收能力两者之间相互作用结果的不确定性。融资者利用信息优势，对投资者收益产生的影响，在风险端，以金融资产为作用对象；在收益端，以金融消费者对金融资产风险的吸收能力为作用对象。金融资产的风险是指金融资产

预期回报的不确定性或可变性。投资组合理论以资产集合和风险分配为分析对象，因而，其对金融消费者风险的吸收能力与金融资产风险的匹配性问题影响深远。由于金融风险的主要问题，在投融资两端，都从较为抽象的、金融资产价格形成过程中投融资风险与收益的不确定关联，具体化为金融消费者风险吸收能力与金融资产风险的匹配程度。因而，实现金融消费者风险吸收能力与金融资产风险的匹配，也成为金融法风险规制的另一主要逻辑。

明确以金融消费者为核心的法制监管体系，建立投资者分类制度，允许专业投资者、高资产净值投资者和机构投资者参与投资，鼓励其以套利交易挤出噪声交易者，授予非专业投资者和非高资产净值投资者以是否接受适合性原则保护的选择权，完善投资者救济机制，并根据投资者分类，完善投资者风险压力测试；建立可转换资本和风险备付金等风险预警及风险转移机制。

同时加强金融消费者的教育，提高中国金融消费者素质。金融消费者教育工作除了企业、监管机构需要担起相应的责任以外，一个重要的实现途径便是投资者（金融消费者）教育基地的建设。我国散户投资者居多的现实国情，使广大金融消费者接受金融投资教育的途径十分有限，投资经验和风险意识不强，而通过建设若干投资者（金融消费者）教育基地是适应我国金融消费者特征并且系统、持续开展投资者教育活动的不二之选，在中央倡导供给侧结构性改革的背景下还是金融市场建设制度完善的重要实现路径。此外，应当完善金融消费者保护基金制度。

我国各级消费者协会侧重于对商品消费者而非金融消费者和劳务消费者的保护，我国专门保护金融消费者权益的组织力量相对薄弱。在目前分业经营的基本格局下，各行业自律机构各行其是，无法有效应对金融混同和金融创新的趋势。各个行业自律机构应当面向金融消费者实现统合，这也是建立以金融消费者保护为核心的监管体系的应有之义。在加强各金融业协会协同作用来保护金融消费者的同时，也要积极地在各级消费者协会内设立由专门人员组成的金融消费者保护工作委员会来切实强化消费者协会保护金融消费者的职能。

04 从业者怎么办

互联网从业机构有合法经营并且做得好的，有整体较好但存在违规行为的，有经过整顿后可以继续经营的，也有完全违法的。各类情况非常复杂，不能一概而论，眉毛胡子一把抓，更不能简单一关了之。要坚持打击非法、保护合法的原则，区别对待、分类施策，合法和非法不能一个样，有问题和没问题不能一个样，小问题和大问题不能一个样。

在整治中，对持有金融业务牌照的从业机构：合法合规经营但风险较大的，要及时整改，加强风险管控；出现违规经营活动的，应暂停业务、限期整改；业务实质与牌照资质不符的，应停业整改、回归资质业务，情节严重的吊销牌照。对没有金融业务牌照的从业机构：风险较小的“无照驾驶”行为，应从保护投资人角度出发，采取多种方式特别是一些过渡方式逐步化解；业务极不规范、有意逃避监管的从业机构，要坚决予以取缔；涉嫌恶意欺诈的严重违法违规行为，要严厉打击，绝不姑息迁就，同时要周密部署，确保大局稳定。

第三章

第三方支付风险与安全治理

01 第三方支付的风险

一、第三方支付的信用风险

网络支付发生在虚拟空间，市场参与者的信任建立在网络信息的基础上，信用问题至关重要。第三方支付的信用风险一方面是由于在网上交易时，如果不法商家欺骗消费者要求其先确认付款而事后不发货，或者消费者在收到货物后点击退货，而卖家的货物凭证又丢失或者没有出示给第三方支付平台，卖家就会无法收回货款，造成了交易双方的信用风险。另一方面，第三方支付机构掌握大量沉淀资金，由于第三方支付平台本身的安全和信用缺乏有力保障，或者第三方支付机构将自己掌握的沉淀资金挪作他用而无法履行约定，亦会引发第三方支付机构本身的信用风险。

二、第三方支付的流动性风险

第三方支付机构需要具备较高的现金管理能力和盈利能力，管理不好很容易导致资金周转不足，进而引发流动性风险。

从第三方支付的业务运行流程来看，买方并不向卖方直接付款，而是将货款汇入第三方支付平台指定的账户，待买方验货后，才由第三方支付平台根据买方确认付款的信息将资金支付给卖方。由此可以看出，由于存在资金收付的时间差，买方资金在第三方支付平台有一个短暂的留存期，一般而言为二至七天，这段时间内，资金的所有权并没有发生转移，买方仍然是资金的所有权人，但第三方支付机构却可以支配。[①] 将备付金用于风险投资，则可能面临无法及时收回带来的流动性风险。因此，《支付机构客户备付金存管办法》明确规定，第三方支付机构的客户备付金必须全额缴存至相应的备付金专用账户且不得擅自挪用、占用或借用。

三、第三方支付的操作风险

操作风险主要是指由于第三方支付机构内部操作人员操作方式失当导致的人为错误、系统失灵、流程上的不完善等带来的风险。

（一）信用卡套现风险

一些第三方支付机构只注重了商户数量的增长，没有严格审查相关企业的资质，没有建立长期的跟踪和监管机制，甚至为达到抢占市场的目的而将低费率的 MCC 发售给高费率行业的商户使用，忽视对交易真实性的考察和保障，使得不法分子可以通过虚构交易、虚开价格、退货返现等方式，利用第三方支付平台套取现金，逃避信用卡的提现费用。根据 2009 年最高人民法院、最高人民检察院联合中国人民银行《关于妨害信用卡管理刑事案件具体应用法律若干问题的解释》的相关规定，对利用第三方支付平台进行信用卡套现的机构可以追究非法经营罪，对个人可以追究信用卡诈骗罪。

（二）技术风险

第三方支付的技术风险主要来源于网络安全、系统故障、数据存储及处

① 李永清：《第三方支付有关问题研究》，《金融发展研究》，2008 年第 1 期。

理三个方面。第一，网络安全风险。在支付过程中由于计算机系统及网络运行问题导致数据完整性、保密性、客户身份认证、系统可靠性以及其他有关计算机操作系统、数据库等方面存在大量风险。不法分子会利用第三方支付系统的漏洞，通过钓鱼网站或植入木马，盗取用户在支付过程中输入的个人信息从而窃取资金。第二，系统故障风险。来源硬件和软件两方面。第三方支付平台的硬件设施故障可能造成交易信息的丢失，交易无法正常进行；软件运行故障或不兼容也会造成交易中断。第三，数据存储及处理风险。庞大的客户群加上高频交易，尤其是交易高峰期给平台的数据存储和处理等都带来了巨大挑战。

四、第三方支付的信息安全风险

用户在第三支付平台上进行交易时，其身份信息、账户资金信息、交易信息等都被记录和保存在第三方支付的数据库中。如果第三方支付平台信息安全保护不到位，则可能造成用户信息的泄露。另外，深入挖掘和利用平台交易产生的数据可以有效促进商品的精准营销，但也可能造成用户隐私被过度开发利用，频繁的营销给用户带来困扰。

02 “二清”

“二清”机构，是商户与具有支付牌照的第三方支付机构之间的代理商。许多商户因欠缺必要的资质，没有足够的技术能力对接第三方支付机构，对接“二清”机构通过“二次清算”来实现资金结算，资金先转到代理商

（没有支付牌照的机构）账户，然后再转给商户。“二清”机构一方面为商户间接连入第三方支付机构，提供代理清算服务；另一方面为第三方支付机构提供代理服务，加快铺开合作商户，优先占领市场份额，提升品牌影响力。

然而，“二清”机构游走于法律监管之外，对对接的商户基本没有准入门槛要求，易发生债务纠纷、资金链断裂、卷款逃跑等风险事件，导致消费者、商户或第三方支付机构权益受损。同时，“二清”机构风险管理体系往往不健全，对于交易过程中资金流向、资金用途的监测几乎形同虚设，大量网络赌博平台通过“二清”机构进行资金结算，不法分子也可以借此躲避监管，实现洗钱目的，严重阻碍了对赌博、洗钱等违法犯罪行为的打击。近年来，“二清”机构在商户数量与交易规模方面取得了大幅增长，甚至超过部分正规的支付企业，放任此风险将严重影响正常的社会经济秩序。

“二清”模式潜藏诸多风险。第一，“二清”机构缺乏监管，自身也没有完善的风险管理机制，扰乱了支付市场正常秩序；第二，可能产生信息泄露风险，并导致银行卡被伪造；第三，“二清”机构往往对商户准入要求低，信用卡套现、非法集资等违法行为多发；第四，由于刷卡时资金先转至“二清”机构开立的第三方账户，可能存在资金被挪用甚至被卷走的风险。

“二清”模式已被列为专项整治的重点问题，“二清”机构将被全面清除。同时，第三方支付机构应主动进行自检，哪怕“二清”机构能带来可观的交易流量，也应坚定杜绝。

03 网联

“网联”，即非银行支付机构网络支付清算平台，是指第三方支付机构共同转接银行的清算平台。由央行牵头成立，支付清算协会组织会员单位共同参与筹建。“网联”一端连着第三方支付机构，一端连着银行，支付机构内部的跨行资金流动必须经由“网联”平台清算，这将打破目前线上支付机构清算系统各自为战的无序局面，改变支付机构通过客户备付金分散存放、变相开展跨行清算业务的情况，建立统一标准、统一接口、统一规范的网上支付统一清算平台。

一、“网联”成立的背景

目前，第三方支付机构直连银行，一家支付机构连接几家、几十家甚至过百家银行，不仅接口建设重复投入增加成本，浪费资源，而且开设多个备付金账户，关联复杂且透明度低，监管难度大。

2016 年 10 月，国务院出台《互联网金融风险专项整治工作实施方案》，第三方支付是其中的整治对象之一，该方案特别指出非银行支付机构不得连接多家银行系统，变相开展跨行清算业务。作为前述整治方案的子方案《非银行支付机构风险专项整治工作实施方案》明确提出了建立支付机构客户备付金集中存管制度，以及支付机构开展跨行支付业务，必须通过人民银行跨行清算系统，或者具有合法资质的清算机构进行的整治工作要求。实现资金清算的透明化、集中化运作，加强对社会资金流向的实时监测，同时按照市场化原则推动网络支付清算平台的建立。平台取得清算业务牌照后，支付机构与银行多头连接开展的业务应全部迁移到平台处理，逐步取消支付机构与银行直连处理业务的模式，确保客户备付金集中存管制度落地。

二、“网联”的功能定位

“网联”将成为独立于现有银行间支付清算机构的新清算平台，两端分别连接第三方支付机构与银行系统。在统一清算平台框架内，第三方支付的客户备付金将实现集中存管，不再享有对沉淀资金的支配和收益权，回归支付和清算独立的业务监管规则。

（一）独立的清算机构

“网联”并非网上的发卡机构，并不具备支付职能，未来也不会有“网联卡”，其仅作为清算平台，类似于银行间的大小额清算系统，这就避免了直接跟第三方支付机构分食“蛋糕”，落下既是“裁判员”又是“运动员”的非议，保证“网联”的中立性。第三方支付机构不必再与各家银行分别谈判签约，只需接入“网联”即可。

（二）统一技术标准和业务规则

“网联”平台将统一第三方支付行业的技术标准和业务规则，改变信息不对称及重复投入的行业现状，促进支付行业的规范化，提升支付的效率和安全。

（三）监测资金流向

目前，第三方支付机构通过创设虚拟账户，以及通过和多家银行建立合作关系，转账过程中事实上在行使清算职能。资金的流动可以绕开央行的清算系统，监管机构无法掌握准确的资金流向，给反洗钱、金融监管、金融数据分析、货币政策调控等各项金融工作带来很大困难。

“网联”成立后，将通过“一点接入”，统一业务准则与合规管理。更为重要的是，由于“网联”可以掌握支付机构资金流向的详细信息，监管部门能够更加高效、全面地监测支付公司的业务，及时遏制违规行为。

三、“网联”的影响

（一）对第三方支付机构的影响

首先，第三方支付后台清算体系将变更，但不影响前台业务。监管部门能够更加高效地监测支付公司的业务，及时遏制、惩处违法违规行为，有效防范非持牌机构开展支付业务，支付行业将更加规范有序。

再次，“网联”的成立将为第三方支付机构创造更为公平的竞争环境。不同规模的支付机构与银行的议价能力不同，而“网联”将为第三方支付机构提供同样标准的服务，使其在业务处理、价格等方面享受同等待遇，这将大大节约支付机构用于拓展和维护银行渠道的成本投入。

最后，“网联”的设立虽然没有直接触动第三方支付的利益格局，但将解决第三方支付机构多个备付金账户、资金账户的关联关系复杂等痼疾，让行业回归支付和清算相独立的业务轨道。第三方支付机构将面临信息透明化和经营规范化的挑战，支付市场竞争将更加激烈。

（二）对银行的影响

现有模式下，支付机构在不同银行开立备付金账户，造成了银行间的信息不对称，以致存管制度难以落实。“网联”成立后，将实现第三方支付机构备付金的统一存管，降低资金被挪用的风险。

（三）对银联的影响

“网联”与银联的区别在于接入机构不同，前者是第三方支付机构，后者是银行，两者都既有线上业务又有线下业务，且随着移动支付的发展，线上线下支付的界限越来越模糊。因此，“网联”无疑将成为银联不可忽视的竞争对手，两者的竞争将促使双方不断加强技术，改进服务。

（四）对用户的影响

“网联”的设立，是支付清算体系后台的变革，对支付业务的前端使用没有影响，不会改变用户对第三方支付服务的使用方法。同时，第三方支付机构今后主要的竞争重心是如何为客户提供更多的支付场景、更安全便捷的支付体验，用户使用更加方便、放心。此外，“网联”应当考虑春节、“双十一”等特殊时点上超大的流量需求，只有在技术上保障充足的业务处理速度，才不会影响高峰期客户的正常使用。

04 个人支付账户分类管理

一、个人支付账户如何分类

根据《非银行支付机构网络支付业务管理办法》（以下简称《办法》）的最新规定，支付机构应根据客户身份对同一客户在本机构开立的所有支付账户进行关联管理，并按照下列要求对个人支付账户进行分类管理：

第一，对于以非面对面方式通过至少一个合法安全的外部渠道进行身份基本信息验证，且为首次在本机构开立支付账户的个人客户，支付机构可以为其开立I类支付账户，账户余额仅可用于消费和转账，余额付款交易自账户开立起累计不超过1000元（包括支付账户向客户本人同名银行账户转账）。

第二，对于支付机构自主或委托合作机构以面对面方式核实身份的个人客户，或以非面对面方式通过至少三个合法安全的外部渠道进行身份基本信息多重交叉验证的个人客户，支付机构可以为其开立Ⅱ类支付账户，账户余额仅可用于消费和转账，其所有支付账户的余额付款交易年累计不超过10万元（不包括支付账户向客户本人同名银行账户转账）。

第三，对于支付机构自主或委托合作机构以面对面方式核实身份的个人客户，或以非面对面方式通过至少五个合法安全的外部渠道进行身份基本信息多重交叉验证的个人客户，支付机构可以为其开立Ⅲ类支付账户，账户余额可以用于消费、转账以及购买投资理财等金融类产品，其所有支付账户的余额付款交易年累计不超过20万元（不包括支付账户向客户本人同名银行账户转账）。

由上可知，Ⅰ类账户开户过程便捷，而Ⅱ、Ⅲ类账户的客户身份实名验证要求较高，能够在一定程度上防范匿名及假名账户的问题。投资理财业务的风险较高，为保障客户的资金安全，《办法》要求仅Ⅲ类账户余额付款范围可购买投资理财等金融类产品。同时，为了兼顾便捷性和安全性，支付机构可以强化客户身份验证。客户身份信息验证渠道包括但不限于公安、社保、民政、住建、交通、工商、教育、财税等管理部门，以及商业银行、保险公司、证券公司、征信机构、移动运营商、铁路公司、航空公司、电力公司、自来水公司、燃气公司等单位所运营的，能够切实有效验证客户身份基本信息的数据库或系统。

需要注意的是，通过商业银行验证个人客户身份基本信息的，应为Ⅰ类银行账户或信用卡，且验证渠道数量以法人单位计算，即用户与银行“电子账户”鉴权验证不能作为一个外部验证渠道，绑定两张同行借记卡，仅可作为一个外部验证渠道计算。

二、个人账户分类管理对第三方支付的影响

对于客户而言，如果没有在第三方支付平台实名注册，账户将不能接收

来自他人的转账、打赏、红包等款项，账户的余额支付功能也会受到限制，但账户或者资金并不会冻结，用户需要根据平台提示页面完善身份验证信息，通过实名认证获取更高权限才能使用余额支付等功能。若Ⅰ类、Ⅱ类账户余额支付额度超限，可以通过完善身份信息继续提升额度，若余额支付额度已为20万元/年，将无法继续提升。

不同的账户完善身份信息、进行实名认证的办法有所不同，包括绑定银行卡、上传身份证照片、填写信息问卷等。例如，用户将支付宝账户与手机号绑定，或通过支付宝里交水、电、燃气、有线电视费，或通过支付宝购买火车票、机票、保险、开芝麻信用等，都属于“外部验证渠道”，都可以在一定程度上提高用户的身份信息完善程度。微信支付用户只要通过绑定本人的银行卡便能完成实名认证。如果绑定的银行卡不是本人的，需要注销微信支付账号后重新绑定本人银行卡。而对之前在微信支付添加过银行卡的用户来说，即便后来解除绑定，也已经完成了实名认证，无须再绑卡银行卡。未来，网络支付可能会将人脸识别、语音识别等验证手段加入到完善实名认证的渠道中来。

本次新规影响的只是余额支付的额度，用余额进行付款的额度限制，例如支付宝里的“余额”和微信里的“零钱”。通过网银、手机银行直接从银行卡支付，以及使用余额宝、蚂蚁花呗、理财通等进行支付均不计入余额支付额度，上述方式支付不会受到影响。以支付宝为例，用户也可以通过以下三种不减少额度的方式来进行支付：

（1）银行卡快捷支付。使用银行卡快捷支付消费、转账均不会减少可用额度。

（2）余额宝支付。使用余额宝支付、消费、转账均不会减少可用额度，但如果将支付宝中的余额转入到余额宝里，同样会减少额度。而直接将银行卡里的钱转入余额宝，再进行余额宝支付，则不会减少额度。

（3）提现到银行卡，再用银行卡支付。将余额账户的钱提现到自己的银行卡，再通过银行卡购物、转账、消费，则不会减少可用额度。

但是用余额账户转账到他人银行卡，同样是减少可用额度。以后不管是转账、消费还是向余额宝内充值，只要不选择余额的途径，就不会减少余额的限额。而且，真的超过了 20 万元的限度，也并不是不能使用支付宝了，用户还可以选择通过银行卡快捷支付和余额宝支付的方式消费和转账。

对于淘宝上的中小卖家，如果销售额低于 20 万元，可参照上述方法将支付宝的钱提现至银行卡；而持续从事电商经营 6 个月以上，且期间使用支付账户收取的经营收入累计超过 20 万元，视同单位账户管理，不受《办法》中关于余额支付额度的限制。

05 非银行支付机构风险专项整治

一、非银行支付机构风险专项整治的必要性

随着市场竞争的加剧，不同支付服务主体因利益驱动引发无序竞争、恶性竞争、不公平竞争的情形频频发生。部分领域乱象丛生，违规跨界经营现象突出，支付市场公平竞争无法保障，支付行业秩序遭到破坏，挪用、占用客户备付金的事件屡见报端。为维护经济金融秩序，防范支付风险，保障消费者合法权益，央行等 14 个部委制定并印发《非银行支付机构风险专项整治工作实施方案》。根据该方案，第三方支付机构风险专项整治既包括对持

牌机构的规范，也包括对无证经营的打击，其中，针对持牌机构主要是客户备付金和跨机构清算业务两方面的问题。

（一）持牌机构

1. 客户备付金

部分持牌机构客户备付金管理薄弱，甚至存在挪用的行为，因备付金未统一缴存，管理难度大；在机构账户上形成资金沉淀，变相吸收存款赚取利息收入。

2. 跨机构清算

资金清算不透明，资金流向无法监测，滋生违法犯罪行为。

（二）无证经营

1. 无证经营业务的主要特征

一是无证经营银行卡收单核心业务，包括：（1）开展商户资金清算，即所谓“二清”行为，无证机构以平台对接或大商户接入支付机构或商业银行，留存商户结算资金，并自行开展商户结算；（2）从事其他收单核心业务，包括特约商户资质审核、受理协议签订等业务活动。

二是无证经营网络支付业务，包括：（1）采取“大商户结算”模式，即用户支付资金先划转至网络平台账户，再由网络平台结算给其平台下挂商户；（2）开立类支付账户的电子钱包，具有充值、消费、提现等支付功能。

三是无证经营多用途预付卡发行与受理，包括：（1）单用途预付卡机构擅自扩大应用范围，实现跨法人商户应用，如公交领域单用途卡跨领域、跨区域扩展使用；（2）无证机构发行与受理跨法人、跨领域、跨地区使用多用途预付卡。

2. 无证经营支付业务的危害

一是危害客户资金安全，引发局部风险事件。人民银行要求非银行支付机构吸收的预付资金必须全额存管在符合资质的银行，支付机构只能根据客户的支付指令划拨资金，不得挪用、占用和借用。但无证机构不受相关监管规定的约束，存在截留、挪用商户资金的风险。现实中已多次发生无证机构挪用商户结算资金或持卡预付资金、“跑路”的风险事件。

二是危害支付信息安全，助长犯罪行为。无证机构在商户和客户拓展、技术设施，终端机具、客户信息管理等方面缺乏安全保障措施，极易造成客户信息泄露、账户信息侧录等风险以及伪卡、盗刷等风险案件。一些无证机构为从事相关黄赌毒、洗钱等非法经营活动的违法客户提供支付服务，助长犯罪行为，甚至出现擅自开展跨境支付业务，引发境外监管部门关注。

三是采取不正当方式开展营销活动，严重扰乱市场经营秩序。无证机构在经营过程中，常采取低价倾销等恶性竞争方式，并主要通过变造交易、伪造业务类型以及切机、跳码等违规方式实现，挤压持证机构市场空间，产生“劣币驱逐良币”的效应，严重扰乱市场经营秩序。

四是影响支付业务监管权威性。无证经营支付业务行为不受《非金融机构支付服务管理办法》约束，逃避人民银行实施的监管，使人民银行实施支付业务行政许可的权威性、有效性受影响。无证机构开展大量虚假宣传，误导消费者、商户，出现风险事件后引发投诉、维权，影响人民银行监管权威性。

二、非银行支付机构风险专项整治的目标

按照安全与效率兼顾、鼓励创新与规范发展相结合、监管与服务并重、监管标准一致的原则，规范非银行支付机构（以下简称“支付机构”）经营

模式，清理整治无证机构，遏制市场乱象，优化市场环境。促进支付机构坚持“服务电子商务发展和为社会提供小额、快捷、便民小微支付服务的宗旨”。

三、非银行支付机构风险专项整治的重点和措施

（一）开展支付机构客户备付金风险和跨机构清算业务整治

一是加大对客户备付金问题的专项整治和整改监督力度；二是建立支付机构客户备付金集中存管制度；三是逐步取消对支付机构客户备付金的利息支出；四是要求支付机构开展跨行支付业务必须通过人民银行跨行清算系统或者有合法资质的清算机构进行，建立网络支付清算平台，逐步取缔支付机构与银行直接连接处理业务的模式，确保客户备付金集中存管制度落地；五是严格支付机构市场准入和监管，加大违规处罚。目前，一般不再受理新机构设立申请，重点做好对已获牌照机构的监管引导和整改规范。

（二）开展无证经营支付业务整治

一是排查梳理无证机构名单及相关信息，包括无证机构公司概况、业务开展情况、高管人员情况等，重点关注是否存在挪用、占用资金的可能；二是根据其业务规范、社会危害程度、违法违规性质和情节轻重分类施策。对于业务量小、社会危害程度轻、能够积极配合监管部门行动的无证机构，可给予整改期，限期整改不到位的，依法予以取缔，对于业务规模较大，存在资金风险隐患、不配合监管部门行动的无证机构，依法取缔。采取集中曝光和处理的方式，整治一批典型无证机构，发挥震慑作用，维护市场秩序。

典型案例

第三方支付平台是否具有履约担保义务及功能模式缺陷的判断标准①

王某通过第三方支付平台S个人实名认证，注册成为用户。某日，王某与网友张某某通过社交软件进行协商，欲使用S平台“担保交易”支付功能进行小额货币兑换。该担保交易的约定流程是：由张某某先向王某指定的S平台账户汇入人民币→S平台通知卖家王某发货→王某通过银行向张某某指定的账号汇款→买家张某某确认收货→S平台将相应的货款计结到王某的该平台账户，完成最终交易。同时，张某某与欲进行日元兑换的姜某联系，张某某将王某的S平台账户告知姜某，要求姜某向王某的S平台账户付款，并承诺向姜某指定银行账户汇入日元。姜某通过S平台向王某发起担保付款交易。王某的S平台账户收到姜某付款。王某看到其S平台账户收到人民币，认为张某某已付款，通过当地银行向张某某指定账户汇入日元。姜某在S平台上给王某留言要求汇款到其银行账户。之后，姜某因未收到汇款，双方发现被张某某欺骗，姜某不予确认收货并申请退款。王某因已汇款，故对姜某退款申请不予确认，并向当地警方报案和S平台投诉。S平台客服介入后，扣留款项。

王某认为，正是基于对S平台“担保支付”的信任，其才采用S平台担保交易支付。S平台目前的交易模式是只要有S平台账户就可以进行担保交易，对双方的身份及交易情况均不作审查，不仅没有尽到善良管理义务，更没有履行受托人最基本的义务。S平台担保交易模式存在重大漏洞，导致S平台线下沟通的双方可能与S平台线上交易的双方不同，这一信息不对称让行骗者有机可乘，故请求判决S平台公司赔偿其经济损失及利息。

法院经审理认为，用户利用S平台进行担保交易支付时，S平台仅提供

---

① 案例来源：杭州市西湖区人民法院民事判决书（2012）杭西民初字第1715号。

支付的网络技术服务和支付平台，而非交易平台。S平台的担保交易功能，并不是担保法意义上的担保，其主要是指S平台为电子商务平台上的交易双方及线下交易者提供代收代付的中介服务。根据我国现有法律法规以及S平台服务协议，S平台公司并无对交易详情进行实质审核、担保交易安全的义务，其只具有对交易进行形式审查、确保支付安全的义务。S平台通过账户名和密码识别用户的指示，对授权的支付指令和所提供的数据进行处理，而不考虑支付行为本身的有效性、支付主体与交易主体的一致性。与谁建立交易，交易如何达成，具体交易详情如何等交易关系是网上支付法律关系的基础，应由交易方自行选择，自行判断，自负其责。

本案中，王某与张某某系通过社交软件聊天达成小额货币兑换交易，王某未及时对姜某是否系张某某进行身份核实，其被张某某所欺骗，自身存在过错。

对S平台担保交易模式是否存在功能模式缺陷的判断，应遵循“简单、安全、快速”的在线支付原则，综合国内用户使用习惯、技术的可行性、其他工具的可替代性和产生问题的普遍性进行综合考量。S平台公司按照审慎经营的要求，提供相关服务时已要求对S平台账户进行实名认证，已创建留言等沟通渠道，让双方对交易过程进行交流，已提供必要的技术手段，确保支付指令的完整性、一致性和不可抵赖性，已对S平台服务协议相关责任限制条款通过粗体等方式提醒用户注意，交易双方也完全可以通过其他线下途径确认支付主体身份，王某也未提供证据表明类似诈骗事件的普遍性。王某被张某某所欺骗与S平台提供的服务之间并不存在因果关系，据此判决驳回王某的诉讼请求。

（一）S平台是否具有履约担保义务

1. 在担保交易中，S平台公司不是交易的担保人，而是信用中介。我国《担保法》规定了5种担保形式：保证、抵押、质押、留置和定金，其中保证是指保证人和债权人约定，当债务人不能履行债务时，由保证人按照约定履行债务或者承担责任的行为，而在担保交易支付中，只有双方意见达成一致才能决定资金去向。该运作是一种信用置换的过程，以S平台为信用中介，在买家确认收到商品前，由S平台替买卖双方暂时保管货款，通过信用置换来保障无法向对方证明自己信用的双方当事人缔约并践约。S平台“担保交易”的“担保”功能，解决的是交易中谁先发货和谁先付款的信用问题，S平台为双方提供信用补充，满足了交易双方对信誉和安全的需求，进而约束买卖双方的交易行为，保证交易过程资金流和物流的正常双向流动。

2. 在担保交易中，S平台公司仅通过账户名和密码识别委托人的指示，而不考虑支付行为本身的有效性、支付主体与交易主体的一致性。支付行为相对独立于基础交易关系，支付业务本身要求处理得及时、准确和安全，故担保交易支付中应遵从商法的形式主义、外观主义。支付行为本身的有效性以及相关信息的真实性、合法性，应由基础交易法律关系解决，与谁建立交易，交易如何达成，具体交易详情如何等交易关系，应由交易方自行选择，自行判断，自负其责，不能以基础法律关系的因素否定S平台公司的受托行为。《电子签名法》第三条规定，当事人约定使用电子签名、数据电文的文书，不得仅因为其采用电子签名、数据电文的形式而否定其法律效力。S平台服务协议约定，S平台公司通过用户的账户名和密码识别用户的指示，对交易的标的物不提供任何形式的鉴定证明服务。本案中，王某与张某某系通过社交软件聊天达成小额货币兑换交易，其应对交易相对方的可信性和交易环境的安全性负有谨慎注意义务。在S平台担保交易时，王某未及时对黄某是否系张某某进行身份核实，其被张某某所欺骗，应自负其责。

（二）S平台担保交易是否存在功能模式缺陷的判定

本案原告主张S平台担保交易不能识别支付相对方身份，存在功能模式缺陷，因而被他人利用才导致被骗。原告并提出可在现有S平台担保交易流程中增加验证程序，如在买家发起担保交易程序中增加一个验证信息框，由买方输入双方的交流账号，再由卖方在发货前输入相同的交流账号解锁。S平台担保交易模式是有关网上支付方法的创新服务产品。服务或产品是否存在功能模式缺陷的判断，在没有法律法规规定和合同约定标准的情况下，应遵循“及时、准确和安全”的在线支付原则，结合国内用户使用习惯、技术的可行性、其他工具的可替代性和产生问题的普遍性进行综合考量。

1. 应遵循“及时、准确和安全”的在线支付原则。《非金融支付机构服务管理办法》第三十二条规定，支付机构应当具备必要的技术手段，确保支付指令的完整性、一致性和不可抵赖性，支付业务处理的及时性、准确性和支付业务的安全性；具备灾难恢复处理能力和应急处理能力，确保支付业务的连续性。2005 年 10 月，中国人民银行发布的针对银行的《电子支付指引（第一号）》也规定确保电子支付业务处理系统的安全性，保证重要交易数据的不可抵赖性、数据存储的完整性、客户身份的真实性。

2. 结合国内用户使用习惯、技术的可行性、其他工具的可替代性和产生问题的普遍性进行综合考量。S平台担保交易从八年前开始实施，已培育起国内用户的使用习惯，在现有担保交易流程中增加收货验证程序虽具有技术可行性，但将牺牲支付效率，对用户识别的功能完全可以通过S平台和创建留言渠道以及线下确认等方式实现。司法实践中，利用S平台诈骗案件，大多是卖家利用各种手段欺骗买家，少数是买家利用S平台骗取商家货物、钱款，类似本案的第三方利用S平台诈骗并不具有普遍性，本案原告的损失归咎于骗子的欺骗行为和原告自身的过失。从原告的角度，按照S平台规则，原告可以通过事先聊天，S平台支付账户名，备注留言渠道了解交易对象是否为真实的交易对方。从S平台的角度，S平台公司按照审慎经营的原则，提供相关服务时已要求对S平台账户进行实名认证，创建留言等沟通渠道，让双方对交易过程进行交流，交易双方也完全可以通过其他线下途径确认支付主体身份。故S平台担保交易并不存在功能模式缺陷，原告被张某某所欺骗与S平台提供的服务之间并不存在因果关系。

第四章

虚拟货币风险与安全治理

01 什么是虚拟货币

虚拟货币，是指因计算机技术不断发展而衍生出的以虚拟数据为表现形式的非真实的货币。根据虚拟货币的产生方式、使用范围、社会属性的不同，笔者将其分为两类：传统虚拟货币和新型虚拟货币。

传统虚拟货币是指由特定企业发行的，仅用于内部网站支付使用的虚拟货币，包括用于购买该公司旗下的软件或在使用软件时获得增值服务。这类虚拟货币以特定网站或软件为限，支持内部业务，常用来购买特定网站的会员、进行游戏充值、购买游戏内道具、兑换定影票等，如腾讯公司的 Q 币、盛大公司的点券、网票网公司的电影点卡。

新型虚拟货币是不依靠特定企业发行，根据密码学原理及区块链技术，基于人为运算而形成的数字货币。此类虚拟货币以社会公众的认可及其自身产生的技术和制度为信用基础，发行者无须承担任何风险。该类虚拟货币起源于 David Chaum 1982 年提出的不可追踪的密码学网络支付系统设想。1990 年，其将该想法扩展为最初的密码学匿名现金系统，这个系统就是后来的 ecash。近几年较为流行的比特币、莱特币就是此类虚拟货币的典型代表，人们购买它们主要是因为其附属价值，将其用作投资理财。

02 虚拟货币的风险

一、虚拟货币的操作风险

虚拟货币的操作风险主要是虚拟货币发行商或交易平台因设计不严谨或存在安全漏洞，而导致虚拟货币被盗用、伪造或由于持有人使用不当导致虚拟货币无法正常使用而引发的风险。虚拟货币的表现形式是数据，难免被人利用技术进行破解。

（一）传统虚拟货币的操作风险

主要包括黑客攻击、账号被盗、虚拟货币被转移等风险。传统虚拟货币如Q币、游戏币等的应用依赖于互联网，近年来关于游戏币、Q币被盗的案件常有发生。2014年，游戏玩家顾某的游戏账户中的61亿游戏货币，价值20多万元人民币，由于小偷利用假身份证挂失补办了顾某的手机卡，进而盗取了顾某的该游戏账户，将其中价值20多万元的游戏币转卖。①

（二）新型虚拟货币的操作风险

尽管新型虚拟货币产生所基于的密码学原理及区块链技术不易被攻破，但交易的平台、账户却存在被盗的风险，平台如何保证密钥的安全性是目前

---

① 61亿游戏币被盗案近日宣判　三名小偷被判刑，http：//games. qq. com/a/20140716/063870. htm？tu_ biz = v1。

该行业面临的严峻挑战。

近年来多次发生的比特币被盗事件，让投资者逐渐意识到比特币并不如一直以来人们认为的那么安全，被盗的风险时刻存在，并且比特币的所有权一经变动就当然生效，且难以追回。2014 年 2 月 24 日，当时世界上最大的比特币交易所运营商 Mt. Gox 交易平台的 85 万个比特币被盗，无奈下线并申请破产保护。此类案件往往涉及人员众多，金额也相对较大，产生严重的社会不良影响，该风险主要取决于交易平台系统安全架构是否完善。

为了避免虚拟货币的操作风险，平台应提高技术，防范账户信息泄露，保障消费者、投资者的账户信息安全。例如，增加电子证书或物理介质认证，以提升密钥的安全防护能力，若因为平台的技术设计不严谨或出现安全漏洞而导致客户账户被盗，平台应承担赔偿责任，对于盗窃账户的不法分子，应依据《刑法》中的盗窃罪定罪量刑。

二、虚拟货币的投机风险

虚拟货币的投机风险主要发生在新型虚拟货币的交易中。该类虚拟货币所具有的稀缺性和无国界性等特点让其成为天然的投资品，但其给一部分投资者带来收益的同时，也给大量的投资者造成损失。而且，由于虚拟货币的价格波动不受限制，恶意炒作，人为干预操纵价格常有发生。而随着虚拟货币的交易量不断增大，过度投机、价格变化幅度过大可能影响社会经济秩序。

虚拟货币的价格由多重因素决定，例如：行业关注度，关注度提高、参与者增多，价格上涨的可能性越大；国家对该种虚拟货币的态度，认可度提高则利好；虚拟货币的获得成本，如“挖矿”所用的电费和“矿机”成本上升，比特币价格将上升，虚拟货币的用途，用途越广，价格上涨可能性越大。此外，虚拟货币被盗引起投资者信心受挫也会影响其价格。例如，Mt. Gox 被盗当日比特币价格暴跌 25%，十天跌幅高达 50%。大量的比特币被盗不仅给平台和用户带来了极大的损失，更是引起投资者的恐慌，导致集中抛售，从而造成比特币价格暴跌。因此，投资者切忌一味为追求有诱惑力的投资回报而过度投机。而在爆出平台被盗、比特币价格暴跌之后，很多比特币平台被盗案件的背后不完全来自于黑客的手笔，其中很多涉及平台内部员工的监守自盗。例如 Mt. Gox 案件中负责调查的东京警察认为其中只有 7000 枚比特币的丢失可归罪到黑客，Mt. Gox 平台本身也存在大规模的欺诈性交易。

三、虚拟货币的法律风险

虚拟货币的法律风险主要是不法分子利用虚拟货币进行赌博、洗钱、贩毒、逃税、为恐怖活动融资等违法犯罪行为的风险。尤其是具有去中心化和匿名性质的新型虚拟货币，可进行点对点交易，交易行为缺乏监管，不受地域限制，保密性及安全性极高，这种交易方式为用户提供交易安全保障的同时，也为犯罪分子提供了便利。

四、虚拟货币的信用风险

信用风险往往来自于给传统虚拟货币以价值背书的发行商，其因企业破产倒闭、被并购或者其他企业原因导致已发行的虚拟货币无法使用，给虚拟货币使用者造成经济损失。

03 虚拟货币风险与安全治理机制

由于不同种类虚拟货币主要风险来源不同，监管措施也各有侧重。对于传统虚拟货币，其风险主要来源于被盗取，因此，应以保护虚拟财产安全为核心，加强虚拟货币发行商及相关网络的安全管理。

对新型虚拟货币，央行联合五部委发布的《关于防范比特币风险的通知》（以下简称《通知》）确立了比特币不是真正的货币，要求各金融机构和支付机构不得以比特币为产品或服务定价，不得买卖或作为中央对手买卖比特币，不得直接或间接为客户提供与比特币相关的服务。包括：为客户提供比特币登记、交易、清算、结算等服务，接受比特币或以比特币作为支付结算工具；开展比特币与人民币及外币的兑换服务等。《通知》规定，作为比特币主要交易平台的比特币互联网站，应当根据《电信条例》和《互联网信息服务管理办法》的规定，依法在电信管理机构备案。同时，针对比特币具有较高的洗钱风险和被犯罪分子利用的风险，《通知》要求相关机构按照《反洗钱法》的要求，履行客户身份识别、可以交易报告等法定反洗钱义务，切实防范比特币相关的洗钱风险。

为了避免因比特币、莱特币等新型虚拟货币过度炒作，损害公共利益和人民币的法定地位，《通知》要求金融机构、支付机构在日常工作中应注重加强对社会公众普及货币知识，强化风险意识，理性投资、合理控制投资风险，引导公众树立正确的货币观念和投资理念。

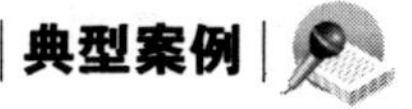

氪能挖矿机庞氏骗局

2013年下半年，未实际进行工商登记的香港氪能集团亚洲区市场总监才某，宣传投资集团的比特币挖矿机，可以获得高额比特币回报，并且氪能集团提供能够自由交易的平台。投资挖矿机的前提条件是购买20万元人民币一台的“90挖矿机”或12万元人民币一台的“30挖矿机”成为氪能集团会员，并且所有挖矿机必须是一拖三的形式，即一个是主挖矿机，其他三个分别是大云端、中云端、小云端的形式往下接。主挖矿机和大云端是保底收益，每天返回0.63或0.18比特币，中云端、小云端都是在此基础上多加0.012个比特币。就这样，该业务大量发展下线，人数达32人，投资金额达到42020743.68元。2014年比特币价格大幅度下跌，投资者恐慌，氪能集团亚洲区市场总监还趁机鼓动投资者趁低价买入，2015年2月底，氪能集团网站关闭，才某等人无法联系。①

比特币2009年由自称“中本聪”的人发明，需要依据特定算法，通过挖矿机进行大量的运算产生的。比特币诞生时，已经确定最大值约为2100万个。挖矿机挖掘比特币，并不是一定能够在多少时间内或者利用多少显卡的挖矿机就能挖出恒定的比特币，比特币的挖掘具有随机性。但是氪能集团却是宣传恒定的收益率。比特币不是法定承认的货币，但是具有投资性，所以吸引了众多投资者的尝试掘金，所以出现了大量的比特币诈骗平台。所谓的香港氪能集团，要求一拖三的挖矿机使用规则，并且制定了发展下线人数、获得额外收益的分配机制。例如一个投资者买了“30挖矿机”作为主挖矿机，那么他每天收益0.18个比特币，全年收益65.7个比特币，已经覆盖了

① 李荣华：《买矿机挖比特币赚大钱？有人竟亏损达4000万》，《南方日报》，2016年8月17日。

其投资30个比特币约12万元人民币购买的挖矿机成本。而该投资者按照一拖三的规则还要发展下线，并且对于其发展的下线，根据人数级别不同，还会获得额外的收益分配。这样的收益率是惊人且富有诱惑力的，但是这个收益率完全违背了真正按照比特币开采算法生成的比特币规则。氪能集团就是通过宣传氪能挖矿机获得高额回报，并组织"传销式"的洗脑宴会、聚会、出国游来吸引投资人。投资者在氪能集团的交易平台进行比特币的返回和交易，面对如此具有诱惑力的回报率，投资者往往忽视了风险的存在，再加上氪能集团的传销式投资规则，该平台吸纳了众多资金，最终卷钱跑路。

因此，投资者投资比特币首先要了解比特币的产生原理，分辨能够进行比特币交易的平台是否正规，并且尽量选择正规的比特币交易平台进行投资，对于虚假宣传比特币投资回报的机构要保持理性。

第五章
互联网理财风险与安全治理

作为互联网金融的典型业态之一，互联网理财发展如火如荼，“余额宝”“理财通”“零钱包”等各种理财产品层出不穷。互联网理财因其低门槛甚至零门槛、高收益、随存随取、方便快捷等优点吸引了众多金融消费者。用户可以利用碎片化的时间足不出户地把自己的闲置资金存入理财账户。近年来，社会公众的理财需求呈井喷式增长，而互联网理财也将在整个理财市场中占据越来越重要的地位。花样繁多的互联网理财创新为金融业的发展带来了新气象，但另一方面风险也逐渐凸显，虽然我们对于创新行业持鼓励包容的态度，但不表示其可以游离于法律规范与监管之外。

01 互联网理财的风险

一、法律风险

互联网理财平台大多是代理销售理财产品，许多平台并没有取得相关的资质。例如，根据《证券投资基金销售管理办法》，基金代销机构要具有健全的治理结构、风险管理制度及完善的内部控制，有高效、安全办理基金发售、申购及赎回的技术设施，同时要符合证监会基金销售业务管理平台的相关要求。有的平台并没有获得基金代理销售资质，面临查处[①]。很多互联网理财采取与第三方支付平台合作的模式，第三方支付平台是否可以代理销售基金没有明确规定，第三方支付平台在整个链条中既是支付工具，又是基金代理销售的中介。第三方支付需要获得央行发的支付牌照，余额账户属于备付金范畴由银监会监管，而基金在第三方支付平台进行基金销售的结算账户由证监会监管，但从第三方支付账户到基金结算账户之间的资金流转该如何监管，法律没有规定。[②]

此外，互联网理财平台还应重点注意的法律风险在于宣传方面，一些互联网理财产品在宣传时只突出强调高回报，对存在的风险却语焉不详，甚至刻意回避或虚构，未尽风险提示义务，虚假宣传或承诺兑付收益都是违法行为。

二、资金安全风险

互联网理财是万亿级的市场，黑客攻击、病毒入侵、系统故障、钓鱼网址、信息泄露等都可能导致资金被盗，若发生此类问题还会引起金融消费者对于平台安全保障的质疑，对平台声誉造成不良影响。互联网理财平台一方面应加强系统、网站的安全性和保密性，另一方面还应通过保险、风险补偿基金等方式降低损失。

三、信用风险

目前，众多互联网理财平台依旧刚性兑付，而且收益率较高，但投资常

---

① 张海滨：《我国互联网理财业务风险及其风险防范措施》，《金融监管》，2015 年第 1 期。

② 王武成、党鸿钧：《互联网金融理财产品的风险分析及监管建议》，《时代金融》，2014 年第 6 期。

常伴随着风险，尤其是在经济增速下降、产能过剩的背景下，平台无法依约兑付的风险较高。

此外，市场上一些互联网理财产品在宣传时只突出强调高回报，对存在的风险却语焉不详，甚至刻意回避。有的风险提示不足，有的重要条款披露不足。信息不对称使得投资者对资金具体流向和潜在风险认识不够，有的平台自融、挪用资金，甚至卷钱跑路，给投资者带来巨大的财产损失。

四、流动性风险

流动性指资产能够以一个合理的价格顺利变现的能力，它是一种所投资的时间尺度和价格尺度之间的关系，流动性风险是指经济主体由于金融资产的流动性的不确定性变动而遭受经济损失的可能性。[①] 互联网理财平台大多实行“T+0”或“T+1”的赎回方式，用户随时都可以赎回，为了尽可能获得较高收益以增加用户黏性，往往会牺牲资产组合流动性，以期限错配的方式投资期限较长的协议存款或者债券。以互联网理财平台销售货币基金为例，为保证在非基金交易时段也能即时赎回，平台实际上扮演着垫资的角色。货币基金虽然风险较小，不需要缴纳风险准备金，但是一旦出现较严重的利空因素，如发生黑客攻击、大量用户账户被盗、发生重大投资损失等突发性事件，可能出现恐慌性的大量用户集中赎回情况。在此种情况下，基金管理机构难以短时间内变现已投资的资产，兑付用户的赎回要求，进而出现流动性风险。[②]

---

① 余依林：《以渠道为特征的互联网理财销售模式的风险与监管——以余额宝为例》，《武汉金融》，2014 年第 7 期。

② 刘旭辉：《互联网金融风险防范与监管问题研究》，中共中央党校，博士学位论文，2015 年。

五、市场风险

互联网理财的市场风险，主要是利率变化导致的。互联网理财的收益主要来自于利率政策及货币市场的影响，虽然现在互联网理财的利息多数在3%～10%，高于传统银行存款利率，但随着利率市场化的加速推进，利率下降是一种必然趋势。以美国Paypal的货币基金为例，起初其年利率达5%，超过同期银行年利率，也高于基金市场平均收益率。但是，2008年金融危机爆发，美国货币基金市场收益率跌至0.04%，与曾经的收益率相去甚远，导致客户对Paypal基金丧失信心，Paypal基金无奈关闭。

02 资质管理

在“互联网+”背景下互联网理财发展迅猛，很多平台都争相迈入互联网理财的大军，有的平台卷款跑路，有的经营不善只能“关门大吉”。互联网理财依旧是理财披上互联网的外衣，无论是将原有的理财产品直接搬到网上，还是运用互联网思维创新产生的新产品，都没有脱离金融的本质。

互联网理财平台是运营机构所开发和维护的，将多样化理财服务集合起来向客户提供的网络系统，其本身并不属于法律实体，而是类似于一种业务或者是金融机构营业场所的延伸。简而言之，互联网理财平台只是为金融服务合同的缔结与履行提供辅助服务，并不直接从事金融业务，所以互联网理财平台无须申请金融业务许可，但这并不意味着互联网理财平台就没有市场准入限制。

在平台提供服务的过程中会涉及敏感的客户资料和资金转移，关系到金融交易的安全和广大金融消费者的利益，有必要对理财平台设置一定的门槛，以确保网络服务系统的安全、稳健运行，并且还应要求这类平台在金融监管机构备案。例如，证监会发布的《证券投资基金销售机构通过第三方电子商务平台开展证券投资基金销售业务指引》，要求第三方电子商务平台的经营者应符合相应的条件，第三方电子商务平台经营者为基金销售机构提供基金销售业务技术支持的，应当符合《证券投资基金销售业务信息管理平台管理规定》和《网上基金销售信息系统技术指引》的要求。因此，理财平台在设立时，一方面，运营机构需要符合条件，具备支持平台安全有序运行的人员、技术、资金等基础；另一方面，平台自身也要具有稳健支持金融机构开展业务的条件，信息系统的构架和运行需达到金融机构网络服务系统的要求。① 对于金融消费者而言，是否具备相关资质是识别互联网理财平台是否正规的重要依据，因此，资质管理尤为重要。

03 打破刚性兑付

长期以来，“刚性兑付”成为包括互联网理财行业在内的金融市场的常态，亦是顽疾。我国金融市场规模近年来以几何级速度增长，在庞大的市场规模背后，“刚性兑付”现象有悖于“卖者尽责，买者自负”的市场原则，不仅助长了道德风险，也抬高了市场无风险资金定价。②

① 袁康、张彬：《互联网综合理财平台的业务模式与监管路径》，《证券市场导报》，2016 年第 4 期。

② 中国人民银行金融稳定分析小组：《中国金融稳定报告（2014）》，中国金融出版社，2014 年，第 43 页。

所谓刚性兑付，即在互联网理财过程中，理财平台承担了投资资金安全保障的全部责任，一旦标的到期无法按约兑付，平台便会出面“兜底”，垫付本金或者本息。为了实现刚性兑付，平台往往需要设资金池，或是挪用其他项目募集的资金，拆东墙补西墙，意味着把信用风险集中到自己身上，成为实际意义上的信用中介，而非信息中介，其中蕴藏着极大的风险。

互联网金融在突破理财产品刚性兑付怪圈上依然有很大难度。打破刚性兑付，一方面，需要健康稳定的法制环境，在确保不发生系统性风险的前提下让违约事件自然发生。当理财产品出现兑付风险时，合理界定理财发行方、渠道方和投资者之间的责任和义务，各自承担相应的风险①。另一方面，需要长期的投资者教育过程，培养投资者的风险意识。

04 治理虚假宣传

虽然互联网理财的销售场所和过程都是线上虚拟化的，但这并不意味着可以忽略信息披露义务，而是应该以合理的方式保证法定义务的履行。在销售理财产品或提供服务时，必须要在开展互联网理财业务平台的显著位置，以意思明确、易懂的语言列明所售的理财产品及服务等信息。互联网理财平台应确保发布的信息内容合法、真实、准确、完整。同时，第三方平台应在醒目位置披露合作理财机构信息及第三方网络平台备案信息。

① 中国人民银行金融稳定分析小组：《中国金融稳定报告（2014）》，中国金融出版社，2014 年，第 130 页。

虽然部分理财平台宣传“零风险”，但其本质依然属于非保本的理财产品。对于在宣传中无法提供科学、准确的测算依据和测算方式的理财产品，不得在宣传和介绍材料中出现“预期收益率”或“最高收益率”等字样误导投资者，不得将以往业绩和未来业绩的预测作为业务宣传的最重要内容。[①]同时，投资者可以通过举报投诉渠道，相关监管部门收到举报，或者在主动监督工作中发现虚假宣传，要严厉打击，加大处罚力度。

05 严格执行投资者适当性制度

投资者适当性制度是指证券、保险、信托、货币基金、资产管理等理财公司在向其客户或潜在客户提供理财产品或服务时，应当确保其所提供的理财产品或服务与特定客户的财务状况、投资目标、知识和经验以及风险承受能力等相匹配，不得将高风险产品或服务推荐或销售给低风险承受能力客户，而导致客户利益受损[②]。投资者适当性制度是规范投资者和理财公司之间权利义务关系的重要制度，也是投资者保护的重要措施。如果不顾金融消费者的风险承受能力推荐，或者诱使消费者购买（投资）与自己经济能力不相符合的理财产品，受损的不仅仅是消费者，互联网理财平台本身也会面临高额的资金损失和负担，平台信誉将受损，并由此引发流动性风险和其他偿付风险。

---

① 于寒：《互联网理财投资者权益保护问题研究》，《南方金融》，2014 年第 8 期。

② 何如：《投资者适当性制度是一项投资者保护制度》，《中国证券报》，2012 年 3 月 26 日。

当前环境下，我国互联网理财行业尤其需要严格执行投资者适当性制度。一方面，目前我国互联网理财金融消费者中个人投资者所占比例大，他们缺乏足够的经验和判断力，难以理解较为复杂的金融产品，容易受误导，因此更为迫切地需要适当性规则的保护。而投资者适当性制度要求证券、基金货币、信托等具有理财业务的公司了解自己的客户和产品，只允许理财公司将产品推荐给具有相应风险承受能力的客户，这就从制度上限制了证券公司在无视客户需求、没有说明任何理由的情况下，随意将高风险产品推荐给风险承受能力不匹配的客户。

另一方面，当前我国互联网理财行业迅猛发展，大量新的更为复杂的金融理财产品和服务不断推出，只有严格执行投资者适当性制度，才能让风险承受能力较弱的客户远离高风险产品。

因此，必须严格执行投资者适当性制度，它是保护互联网理财金融消费者的有效抓手，也是我国互联网理财行业持续、健康发展的制度保障和客观需要。2013 年国务院发布《关于进一步加强资本市场中小投资者合法权益保护工作的意见》（以下简称《意见》），首先强调健全投资者适当性制度，并明确从制定完善中小投资者分类标准、科学划分风险等级、进一步完善规章制度和市场服务规则等三方面展开。2014 年国务院发布的《关于进一步促进资本市场健康发展的若干意见》，也提出健全投资者适当性制度，严格投资者适当性管理。2015 年十部委共同发布的《关于促进互联网金融健康发展的指导意见》中规定：信托公司、消费金融公司通过互联网开展业务的，要严格遵循监管规定，加强风险管理，确保交易合法合规，并保守客户信息。信托公司通过互联网进行产品销售及开展其他信托业务的，要遵守合格投资者等监管规定，审慎甄别客户身份和评估客户风险承受能力，不能将产品销售给予风险承受能力不相匹配的客户。

06 资金信息安全保障

伴随着行业的快速发展，一些境内外不法分子大肆运用网络钓鱼、伪基站、植入木马及电信诈骗等手段，精心编造各种骗局，引诱互联网理财用户上当受骗。互联网理财以互联网技术做支撑，一旦互联网理财平台出现技术问题，则其影响面会成几何级的增长，不但金融消费者的资金面临被盗的风险，而且其涉及隐私的个人数据也将面临被商业滥用的风险，给投资者的日常生活带来极大的困扰。因此，这对互联网理财平台的安全保障能力提出了更高的要求，用户的信任与互联网平台的安全性密切相关，平台应始终将用户安全放在第一位。

除了技术安全外，互联网理财资金安全面临的另一大风险就是平台“跑路”。近年来，互联网理财平台“跑路”、投资者血本无归的案件屡见不鲜。“跑路”的理财平台大多设立之初就是为了骗钱，由于当前互联网理财平台的监管措施尚不健全，行业门槛较低，不法分子利用监管的漏洞，以诈骗为目的设立理财平台。设置虚假融资项目，以高收益率、低风险甚至是零风险为诱饵，吸引投资者，筹集到资金后便携款潜逃。因此，必须落实资金存管制度，让平台账户与金融消费者理财账户相隔离，防止平台卷款“跑路”。

此外，也有部分平台因经营不善而“跑路”。当互联网理财平台出现经营问题，不得不退出市场时，平台的经营者可能为了逃避责任选择“跑路”，投资者的合法权益难以得到保障。如果平台“跑路”现象得不到治理，将给互联网理财行业留下较大安全隐患，一旦投资者因此对理财平台的安全性失去信心，将会严重阻碍互联网理财乃至整个互联网金融的健康发展。因此，为保障互联网理财平台有序发展，还应当设立相应的行业退出机制，同时，还应建立“黑名单”制度，将不按照正常程序退出市场的平台机构及其经营者拉入“黑名单”，增加违约成本。

07 通过互联网开展资产管理及跨界从事金融业务风险专项整治方案解读

一、互联网资产管理、跨界从事金融业务风险专项整治的必要性

近年来，包括资产管理在内的各类金融业务快速发展。有数据显示，截至 2015 年年底，包括银行、信托、证券、基金、期货、保险公司发行的各类资产管理产品的业务总规模达到 60 万亿元，加上以财富管理、投融资为名开展业务的非持牌机构，市场总规模超过 100 万亿元。随着互联网技术的普及，通过互联网开展参与各类业务，在给机构经营和投资者投资带来便利的同时，也存在很大的风险隐患。一是部分持牌金融机构利用互联网违规开展资产管理业务，通过金额拆分，面向不合格投资者发售高风险金融产品；利用证券化技术将资产的收益和风险分层，增加投资杠杆；利用产品交叉嵌套突破投资范围限制；部分私募机构向不特定对象宣传或通过线上转让等。二是大量非持牌机构，未取得相关资质，利用互联网开办金融业务。以高利率吸收公众资金，从事企业自融；虚假宣传或误导宣传；未采取措施保障投资

者资金安全，侵占、挪用投资者资金；部分机构甚至从事非法集资、诈骗等违法行为。

为规范行业运营、维护广大投资者的合法权益，开展互联网资产管理、跨界从事金融业务专项整治刻不容缓。2016年，中国人民银行等17部门发布的《通过互联网开展资产管理及跨界从事金融业务风险专项整治工作实施方案》（银发〔2016〕第113号，以下简称《实施方案》）明确要求，通过互联网开展资产管理及跨界从事金融业务风险专项整治采用“穿透式”监管方法，透过金融产品表面形式，追溯资金的最初来源与最终流向，界定业务本质属性，明确整治责任，致力于实现规范与创新的并重，在督促整改、关停取缔违法违规企业的同时，鼓励和保护互联网金融有益创新，形成正向激励机制，促进行业健康持续发展。

二、互联网资产管理、跨界从事金融业务风险专项整治的重点

《实施方案》根据从业机构的持牌状况和主营业务等特征，对业务定性进行分类，强调了整治的重点，回应了当前所面临的问题，确保整治工作的针对性和全面覆盖。

（一）具有资产管理相关业务资质，但开展业务不规范的各类互联网企业

重点查处以下问题：（1）将线下私募发行的金融产品通过线上向非特定公众销售，或者向特定对象销售但突破法定人数限制；（2）通过多类资产管理产品嵌套开展资产管理业务，规避监管要求；（3）未严格执行投资者适当性标准，向不具有风险识别能力的投资者推介产品，或未充分采取技术手段识别客户身份；（4）开展虚假宣传，未揭示投资风险或揭示不充分；（5）未

采取资金托管等方式保障投资者资金安全，侵占、挪用投资者资金。

互联网企业金融业务创新迭代较快，业务形态复杂多变。在原有监管框架下，界定困难使部分互联网金融企业处于监管盲区，导致“野蛮生长”，侵犯金融消费者权益，风险突显，也导致互联网金融和传统金融的不公平竞争，扰乱行业秩序。防范金融风险是监管的出发点和落脚点。需要通过“穿透式”监管，根据业务的种类、实质，进行功能监管和行为监管。

（二）跨界开展资产管理等金融业务的各类互联网企业

重点查处以下问题：（1）持牌金融机构委托无代销业务资质的互联网企业代销金融产品；（2）未取得资产管理业务资质，通过互联网企业开办资产管理业务；（3）未取得相关金融业务资质，跨界互联网金融活动。

现在很多没有资质的互联网金融企业和一些有部分牌照的金融机构，通过开展各类线上资产管理业务，通过把合规和不合规的产品组合嵌套来做不具有资质、牌照的业务，浑水摸鱼，逃避监管。尤其是当前一些私募产品，通过平台包装成互联网理财产品进行公开销售，以此躲避此类产品本应具备的非公开发行、投资者适当性等要求，导致不具有相应风险识别和承受能力的金融消费者，暴露在超过自身承受限度的风险下。

（三）具有多项金融业务资质，综合经营特征明显的互联网企业

重点查处以下问题：（1）各业务版块之间未建立防火墙制度；（2）未遵循禁止关联交易和利益输送等方面的监管规定；（3）账户管理混乱；（4）客户资金保障措施不到位。

同一机构取得多项金融资质，不得违反关联交易的相关规定，应建立防火墙制度，切实防范风险交叉感染。对经营多种类型金融业务的互联网企业

而言，更是公司治理的内在要求。全球最大的综合化经营银行之一的德意志银行，被美国司法部处以巨额罚款，很可能就和内部管理不完善所导致的风险交叉感染有关，这为我国跨界从事金融业务的金融科技巨头敲响了警钟。

三、互联网资产管理、跨界从事金融业务风险专项整治的职责分工

考虑到互联网金融中的违规行为往往具有隐蔽性、复杂性等特点，《实施方案》中要求综合运用社会治理途径，加强部门协调，并明确了各部门间的职责分工，以确保整治工作的统筹协调，有效落实。一方面，由省金融办建立举报信息平台，奖惩制度，发挥社会监督作用；另一方面，在省级人民政府的督促下，一行三会、金融办在各自的职责范围内牵头，工商、公安、宣传等部门配合，引导各方面力量，对在互联网跨界从事金融业务进行综合监管治理，形成监管合力。在当前互联网金融业态日渐混同，监管形式日趋复杂的情况下，联合社会力量和多部门共同参与，有助于提高监管效率与应对复杂问题的能力。

具体而言，从监管对象的角度，《实施方案》规定：

（1）对于持有金融牌照但业务开展不规范的企业，由牌照主管部门进行整治；（2）对于不持有金融业务牌照，但明显具有 P2P 网络借贷、股权众筹、互联网保险、第三方支付业务特征的，按照相关领域的专项整治工作实施方案的要求进行整治；（3）对于不持有金融业务牌照，也不具备 P2P 网络借贷、股权众筹、互联网保险、第三方支付业务特征的或作为主营业务的，由省级人民政府统一组织，采取“穿透式”监管方法，对业务进行实质界定，落实整治责任；（4）当业务管理复杂，监管职责不清，有些企业业务没有明确的定性，导致找不到对应的监管部门，游走于一行三会监管责任的缝

隙之间，产生很大隐患。在这种情况下，由中国人民银行牵头进行监管，是本次《实施方案》的一大突破。

从部门分工的角度，《实施方案》规定：

（1）省级人民政府全面负责各类企业通过互联网从事资产管理和跨界从事金融业务的专项整治情况，并督促省金融办与相关金融管理部门牵头承担整治职责，督促当地工商、公安等部门配合；（2）省金融办建立举报信息平台，利用各类举报信息，汇总各方面互联网资产管理等跨界金融活动信息，组织相关部门对涉嫌违法的信息金融业务定性界定；（3）省金融办负责对本地区各类交易场所、担保公司、小额贷款公司、典当行、金融租赁公司开展互联网金融活动的整治；（4）中国人民银行省级分支机构配合省金融办的信息摸查和业务定性等工作，对于业务嵌套关系复杂、职责难以界定的，承担牵头工作；（5）银监会省级派出机构负责对通过互联网开展银行理财、信托理财、消费金融、金融租赁以及其他基于借贷关系的金融活动进行整治；（6）证监会省级派出机构负责对证券、基金、期货、私募股权投资基金进行牵头整治；（7）保监会省级派出机构负责互联网保险等金融活动的整治；（8）省级工商部门负责对相关机构违法广告行为进行整治，向金融管理部门提供企业注册信息；（9）省通信管理局负责对相关部门认定存在违法违规行为的机构网站和移动应用程序依法进行处置；（10）省公安厅负责查处涉嫌犯罪的案件，进行防逃、空脏、追赃、挽损工作。

第六章

P2P 网络借贷新规解读

01 P2P网络借贷的风险

一、P2P网络借贷的信用风险

P2P网贷平台的服务对象通常是无法提供抵押担保、被排斥在传统金融服务之外的借款人，其偿债能力通常较弱。对于纯信用无担保的线上营运模式，当借款人出现违约情形时，该损失将由投资者承担。信用风险一方面体现在单笔贷款损失上，另一方面还体现在贷款过度集中可能造成的损失上。这也是P2P网贷强调小额的重要原因，既在一定程度上满足借款者的资金需求，投资者有机会获得利息收益，又让风险充分分散。

各P2P网贷平台在进行交易撮合时，主要是根据借款人提供的身份证明、收入证明、财产证明、缴费记录、熟人评价等信息来评价借款人的信用，这些数据易造假且并不全面，加上我国社会征信系统尚不完善，单纯依靠网络来实现信息对称和信用认定的模式难度和风险较大。在此背景下，不同于国外P2P网贷平台仅提供网络信息认定服务，国内的P2P网贷平台普遍出现异化而承担了线下审核的机能，出现了诸如担保型和债权转让型等模式。

二、P2P网络借贷的流动性风险

由于P2P网贷模式的异化，平台为维系声誉多坚持刚性兑付，当新的资金无法及时、足额补上旧的窟窿时，就会产生流动性风险。加之目前资金存管制度并未得到严格执行，P2P 网贷平台自有资金和借贷资金是否有效分离、内部资金结构如何等问题，都处于相对不透明的状态，资金链一旦断裂，极易引发挤兑风潮。此外，异化后的 P2P 模式因为资产证券化，对流动性提出了更高要求，同时高杠杆性也放大了流动性风险。

三、P2P 网络借贷的操作风险

操作风险主要源于人为、程序、技术三方面，P2P 网贷平台的从业者没有相应的资质要求，行业从业门槛低，加之前期监管的缺失，鱼龙混杂。P2P 网贷尚处于行业发展初期，平台各项管理制度并不完善，在平台建设、维护、运营和风险防范的过程中，可能由平台工作人员的不规范操作引发错误，造成损失。平台一般要求投资者将资金转入在平台注册的账户内，再由平台转账给借款人，这一流程中可能由于平台系统和风险管理机制的漏洞发生运营风险。借款人也可能通过信息欺诈或注册多个账户来吸收公众存款。同时，平台本身的安全性也值得注意，平台遭遇黑客攻击可能造成客户信息泄漏、平台瘫痪、资金损失等问题。

四、P2P 网络借贷的道德风险

众多 P2P 网贷平台并未严格遵守不得设立资金池的监管要求，沉淀资金存在被挪用的道德风险，这是欺诈性、自融性平台常有的风险表征。目前少有 P2P 网贷平台公布其经审计的财务报告。事实上，即使 P2P 网贷平台公布财务报告，也无法说明平台借贷相关的财务问题。对于 P2P 网贷模式来讲，平台本身并不是债权债务方，坏账率等指标不会反映在其财务报告的任何指标中。财务信息的不透明，加大了投资者对平台信用预期的不确定性，投资者权益容易受到侵犯，也加大了风险治理的难度。

五、P2P 网络借贷的声誉风险

由于社会公众对 P2P 网贷还并不熟悉，“买者自负”的投资理念尚未深入人心，一旦有标的无法偿付，常常会让人对平台产生质疑，易发生挤兑。而近年来，众多平台欺诈、“跑路”更是给 P2P 网贷整个行业在声誉上造成不良影响。

六、P2P 网络借贷的法律风险

在 P2P 网贷发展过程中暴露出诸多法律风险。集中体现在：平台没有资金存管或资金存管不合规，设资金池，平台自融，从事线下放贷，利率超过法律的最高限，违规为借款人提供担保甚至自保，违法违规催收到期债权等方面。

02 《网络借贷信息中介机构业务活动管理暂行办法》解读

2016 年 8 月 17 日，期盼已久的《网络借贷信息中介机构业务活动管理暂行办法》（以下简称《办法》）正式公布，宣告网贷行业野蛮生长时代终结，合法合规发展时代来临。

一、《办法》的重大意义

第一，《办法》在中国金融监管史上具有里程碑式的重要意义。《办法》采取了新的监管原则和监管模式，即备案 + 双负责制 + 信息披露 + 资金存款 + 负面清单 + 投资者保护的创新监管思路，为中国金融监管改革创新树立了典范，相信《办法》将在未来实践中进一步完善，更加符合中国国情，促进网贷行业健康发展。

第二，《办法》呼应了社会需求。在缺乏监管的情况下，P2P 网贷野蛮生长，违法现象突出，是互联网金融创新中亟须进行整治的主要领域，特别是“e 租宝”等一系列案件的爆发，造成了极其恶劣的社会影响。《办法》从 2015 年底开始向全社会公开征求意见，充分体现了民主立法。按原计划《办法》应于 2016 年上半年颁发，但在此期间国家进行了互联网金融专项整治工作，在整治工作进行近半年后公布，也更好地吸取了 2016 年上半年以来对 P2P 行业充分排查后积累的经验，更好地将排查中遇到的实际问题、实际数据、实际情况吸收到《办法》中，更具有针对性，更符合我国国情，更具有创新性。

第三，为其他互联网金融创新监管提供思路经验。因为 P2P 网贷的监管难度很高，它介于直接金融和间接金融之间，P2P 平台不是一般的网络信息中介，它提供的是金融信息，法律上较为复杂，因此监管部门采取了创新的监管方式。例如，采取银监会系统和地方金融办系统进行双监管的机制，这与传统监管机制大为不同，为其他互联网金融模式的监管提供了新思路，这种监管创新也是供给侧结构性改革的重大举措之一。

二、《办法》的主要内容

第一，界定网贷作为信息中介的法律地位，明确网贷业务应当遵循依法、诚信、自愿、公平的基本原则。对借款人与出借人的合法权益，以及合法的网贷业务和创新活动予以保护。

第二，确立网贷监管机制，明确相关监管主体责任，促进各方依法履职，加强沟通、协作，形成监管合力，增强监管效力。《办法》明确，按照“双负责”原则，银监会及其派出机构负责对网贷业务活动实施行为监管，制定网贷业务活动监管制度，地方金融监管部门负责本辖区网贷的机构监管，具体包括规范引导、备案管理和风险防范、处置工作，指导本辖区网络借贷行业自律组织。

第三，明确网贷业务规则和风险管理要求，坚持底线监管思维，加强事中事后行为监管。《办法》以负面清单形式划定了业务边界，明确提出不得吸收公众存款，不得归集资金设立资金池，不得自身为出借人提供任何形式的担保等，并根据征求意见，增设不得从事的债权转让行为，不得提供融资信息中介服务的高风险领域等内容，旨在打击和取缔打着网贷旗号从事非法集资等违法违规行为，保护投资人权益。

第四，对平台风险管理提出具体要求。《办法》规定实行客户资金由银行业金融机构第三方存管制度，同时，为防止信贷集中度风险，根据相关部门意见，实现《办法》与刑事法律中非法集资有关规定衔接，引导网贷机构遵循小额分散原则，《办法》明确规定了同一借款人在同一网贷机构及不同网贷机构的借款余额上限，充分尊重法律的体系化和系统性。

第五，注重加强行为监管和金融消费者权益保护，明确对出借人进行风险揭示及纠纷解决途径等要求，明确出借人应当具备的条件。

第六，强化信息披露监管，发挥市场自律作用，创造透明、公开、公平的网贷经营环境。

第七，为避免《办法》出台对行业造成较大冲击，《办法》做出 12 个月过渡期的安排。在过渡期内通过采取自查自纠、清理整顿、分类处置等措施，进一步净化市场环境，促进机构规范发展。

三、《办法》的具体解读

（一）P2P 平台的法律定位——信息中介

《办法》将 P2P 平台定位为网络借贷信息中介，但需要注意的是，网络借贷信息中介不是一般的信息中介，而是金融信息中介。金融信息中介实际上存在一定的信用转换，某种程度上发挥着类似于类金融机构的作用。因此，对待 P2P 平台的经营业务范围，不应是采取法无禁止即可为，还需要国家监管部门进行监管。同时，平台要具有专业的风险管理能力和专业的互联网技术。金融信息中介虽然没有准入机制监管，放开准入条件并不意味着放松对 P2P 平台的监管措施，而是要强化事中事后监管，强化行为监管，强化金融消费者保护。

（二）监管思路——放弃事前监管，强化事中事后监管

《办法》第五条规定：拟开展网络借贷信息中介服务的网络借贷信息中介机构及其分支机构，应当在领取营业执照后，于 10 个工作日以内携带有关材料向工商登记注册地的地方金融监管部门备案登记。采取备案登记制可以说是《办法》最大的亮点，放弃了事前监管，放弃了准入门槛监管，放弃了严格审慎监管（包括注册资本金、风险准备金要求等）。这“三个放弃”对平台是 P2P 网贷的最大利好。

放开市场准入是一大进步，但也可能带来一系列的问题：在缺乏门槛限制的情况下，大量的 P2P 平台在地方金融监管机构进行备案即可运营，对监管而言是一大挑战。同时，在缺乏准入门槛要求的情况下，P2P 平台的风险管理如何确保？如何对其可能导致的社会风险进行治理？因此，《办法》通过信息披露、第三方银行存管、“双负责制”、负面清单等一系列的配套制度，加强事中事后的监管及金融消费者保护。

《办法》采取备案制度，虽然放弃了静态的门槛式的牌照监管，但采取了动态灵活的事中事后监管，这体现了我国监管方面的开放，体现了我国对金融创新的鼓励和支持，符合我国金融改革和政府改革的趋势。减少行政审批、许可等，是监管的突破，是供给侧结构性改革的创新。

（三）监管机制——“双负责制”

《办法》采取“双负责制”，即银监会及其派出机构负责行为监管，地方金融办负责机构把关。P2P 是创新的金融业态，监管上也须予以创新，一方难以独力监管，发挥多方监管力量的作用，形成监管合力，整治 P2P 乱象，促进互联网金融健康发展。

（四）融资限额的规定

单个自然人在同一平台上融资余额最多不超过 20 万元，单个法人或其他组织在同一平台融资余额不超过 100 万元；单个的个人在不同平台融资的总余额不超过 100 万元，单个法人或其他组织在不同平台融资总余额不超过 500 万元。融资限额的规定可能会引起大家的误解，有人认为，实践中有的融资项目，如房地产融资高达千万，硬性规定在这个小范围内可能限制金融创新，限制市场融资需求。笔者认为这个担心是没必要的：第一，《互联网金融健康发展指导意见》已经明确互联网金融是普惠金融，P2P 更是典型代表，是为中小微企业服务的，应当是小额的；第二，实践中已经有不少大额的 P2P 网贷融资履约不能造成损害，导致平台倒闭、“跑路”，风险很高，P2P 模式不适宜这类大额融资；第三，银行、小贷公司等都在大额的融资项目中发挥着积极的作用，P2P 应该定位于差异化竞争，致力于满足传统金融覆盖不到的小额金融需求。因此，笔者认为融资限额的设置是合理的，符合我国国情，目前是暂行办法，未来随着行业的规范化对限额做一定调整也是可能的。

（五）资金存管

《办法》要求客户资金实行银行存管，依靠银行的信用与严格、高效的资金管理可以避免平台形成资金池，也在一定程度上防范了平台挪用客户资金的现象，第三方存管制度对于保护投资者权益，整治 P2P 乱象而言是十分必要的。

有人认为，目前许多银行不愿意接受第三方存管业务，或者对 P2P 平台设置较高的要求，实施第三方存管制度相当于设立门槛。笔者认为，这种说法是不准确的，银行不愿意做，只是过渡时期的特殊情况，《办法》让银行实施存管业务有了具体依据，在有法可依、责任明确后会有所缓解，不存在存管实质成为准入门槛的情况。

在真正落实客户资金有效地通过银行资金存管后，可以允许 P2P 平台通过电子化自动撮合系统，按照客户的投资意向和要求，将客户资金投向符合条件的项目，这并不算资金池，在英国等国家 P2P 平台也是这样做的，也是允许的，这有利于提高客户投资效率及平台运营效率。

（六）信息披露

《办法》规定了借款人和平台的信息披露义务，分别对借款人和平台提出了不同的要求，尤其强调了动态披露。

（七）线下环节

按照《办法》第十六条的规定，P2P 是网络借贷，在线下只能从事信用信息采集、核实、贷后跟踪、抵质押管理等风险管理的必要环节，主要是为了禁止 P2P 平台在线下进行理财营销以防止非法集资的情形。

（八）负面清单

对于《办法》第十条负面清单列举了十三项禁止行为，不能孤立地看，应与事前放宽准入制度结合起来，正是因为事前没有设置注册门槛、牌照限制等，事中事后的监管就显得尤为重要。必须树立起行为监管的思路和理念，以金融消费者保护为核心，具体的执行方式之一就是实行负面清单监管。

对于负面清单中的十三项禁止行为，可以归纳为三大类：

第一大类为非法集资、欺诈等违法行为。具体包括：（一）为自身或变相为自身融资；（二）直接或间接接受、归集出借人的资金；（三）直接或变相向出借人提供担保或者承诺保本保息；（四）自行或委托、授权第三方在互联网、固定电话、移动电话等电子渠道以外的物理场所进行宣传或推介融资项目；（十）虚构、夸大融资项目的真实性、收益前景，隐瞒融资项目的瑕疵及风险，以歧义性语言或其他欺骗性手段等进行虚假片面宣传或促销等，捏造、散布虚假信息或不完整信息损害他人商业信誉，误导出借人或借款人。其中第（一）项是平台的自融行为，这属于非法集资的一种；第（二）项是平台开展的资金池行为，属于吸收公众存款，也属于非法集资；第（三）项平台承诺保本保息，也属于违法行为；第（四）项是禁止线下推介项目，也是为了防止非法集资；第（十）项如果虚假宣传，设置假标，属于欺诈行为，违反了法律规定。以上五项涉及非法集资、欺诈等违法违规行为，应该严厉禁止平台参与，如有违反严厉惩处。

第二大类为银行开展的业务。具体包括：（五）发放贷款，但法律法规另有规定的除外；（六）将融资项目的期限进行拆分。第（五）（六）项属于银行才能经营的业务，P2P 网络借贷平台是信息中介，只能做信息中介的业务，而不能做信用中介的业务，不能做类银行业务，不能发放贷款、搞资金池、进行期限错配和拆标等。

第三大类为除银行外其他金融机构从事的业务。具体包括：（七）自行发售理财等金融产品募集资金，代销银行理财、券商资管、基金、保险或信托产品等金融产品；（八）开展类资产证券化业务或实现以打包资产、证券化资产、信托资产、基金份额等形式的债权转让行为；（九）除法律法规和网络借贷有关监管规定允许外，与其他机构投资、代理销售、经纪等业务进行任何形式的混合、捆绑、代理；（十一）向借款用途为投资股票、场外配资、期货合约、结构化产品及其他衍生品等高风险的融资提供信息中介服务；（十二）从事股权众筹等业务。以上五项属于券商、保险、信托等机构所开展的业务，而网络借贷现在属于银监会监管。目前，我国实行的是一行三会分业监管体制，其他归保险、证券等监管机构监管的金融业务，网络借贷平台是不能做的，如不能销售保险、基金、信托产品等，不能做股权众筹等业务，再如一些金融评级或者需要牌照才能开展的业务，平台也是不允许做的。

需要特别注意的是，《办法》正式稿负面清单比征求意见稿增加两项，一是限制线下活动，主要是吸取了“e 租宝”等案件的教训，P2P 平台限制采用线下渠道进行宣传或推介融资项目。二是增加了不能做债权转让的规定。债权本身如果是平台上产生的，允许在平台上转让；其他平台产生的债权，或者是其他性质的债权，如果提供转让，类似于资产证券化，这是需要牌照的，P2P 平台不能做。

（九）风险补偿金

在《办法》公开征求意见阶段，笔者曾提出设立风险补偿金，如遭遇重大违约可以为投资者提供一定的保护。可以把风险补偿金放到中国互联网金融协会或者各地的互联网金融协会里，借鉴中国证券投资者保护基金公司的模式。正式的《办法》虽然没有明确提到风险补偿金，但是明确了投资者资金和平台资金破产隔离，也为投资者提供了保护措施。《办法》在起草的过程中曾有明确禁止风险补偿金的规定，但正式稿最终删除了，法无禁止即可为，这就说明平台可以做一些类似业务，为 P2P 的业务创新预留了一定空间。

第七章

P2P 网络借贷风险专项整治方案解读

P2P 行业近几年的发展呈现出“快、偏、乱”的现象。一是规模增长势头过快，二是业务创新偏离轨道，三是风险事件时有发生。从 2015 年年底 e 租宝等 P2P 行业风险事件爆发以来，政府及监管部门在鼓励、促进互联网金融发展的基础上，增加了规范发展的导向，防止风险事件对行业带来的冲击，避免影响甚至引发社会问题。尽管已经出台了《网络借贷信息中介机构业务管理暂行办法》（下称《办法》），但此前 P2P 在缺规则、缺门槛、缺监管的情况下，野蛮生长这么长时间，问题和风险积累得比较多，亟待全行业的专项整治，从而使得《办法》确立的无条件备案制度更有意义，提高制度效率，为“良币”创造更好、更健康的创新环境，也为“大众创业、万众创新”带来更健康的发展氛围。

01 《方案》的六大特点

此次整治工作的目标是为了保护合法合规的机构，给他们更好的创新空间，整治和取缔违法违规的机构。通过市场主体层面、市场环境层面、机制层面，达到扶优抑劣、规范纠偏、正本清源的目的。长期以来 P2P 行业违规成本比较低，很多机构完全都偏离了创新的正常轨道，钻营于监管套利，导致行业口碑不断下降。此次专项整治正是为了扭转这种局面。从长期的角度来看，《方案》是和《办法》有机结合在一起的，目的是建立一种规范发展的长效机制，促进行业健康发展。

一、对风险的客观评价

P2P 作为目前体量最大的互联网金融创新形式，对于长期积聚的风险，银监会等部委显然做了充分的摸底，并采取了慎重的态度。《方案》充分考虑了存量风险较大的现状，既要维护市场稳定，又要守住系统性和区域性两条风险底线，并以主观能动监管的态度、完备预案的底气、统筹和标本兼治的决心，以分类处置、穿透监管、完善立法、贯彻双负责制的监管策略来达到规范纠偏的目的。

二、综合、功能监管与行为、审慎监管相互协调

互联网、金融科技的发展为金融混业趋势带来了极大的技术便利，金融产品中的交易结构具有复杂化、混业化的特征，但这种特征与我国目前金融业的分业监管模式格格不入，金融混业的发展以及金融与产业混同发展的潮流对我国金融监管带来了巨大的挑战。

也正基于此，《方案》在第三个原则中充分体现出了以综合监管、功能监管为主，审慎监管为辅的思路，防止混业经营趋势下金融监管真空的出现，避免监管套利和违法违规行为。强调多部门协同，中央和地方协作，银监会协调相关省级人民政府加强合作，密切配合。对于线上线下的业务，实现以功能为导向而不被互联网所割裂；对于综合性金融平台，P2P 整治方案将与跨界资管整治方案协同，主要依据穿透式原则，根据业务属性执行监管标准，如果综合性金融平台有涉及网贷的业务也将落入规制，实现风险治理的全覆盖。

《方案》与《办法》相结合，将有效发挥功能监管与行为、审慎监管相

协调的效果。审慎监管方面以宏观角度，以防范系统性风险为立足点；行为监管方面将微观、宏观相结合，“准双峰式”地构建行为监管范式，以适应国内复杂多变的P2P业态；功能监管方面以主观能动式监管为核心，现阶段将重点采取联动机制，通过整治办的形式进行专项整治，未来还将总结整治经验，与《办法》相互呼应，构建起持续动态的监管机制。

三、以金融消费者保护为最终落脚点

P2P风险专项整治要以金融消费者保护为最终的落脚点，六大原则都是为了保障金融消费者权益、落实普惠金融、实现P2P本质的回归。从法律经济学的角度来分析，专项整治短期一定程度上牺牲了创新的效率，提高了制度成本。但长期来看，将有力保障金融消费者的权益，引导实践中常态化、健康化、可持续的发展模式，清除掉不法分子和监管套利者，重塑金融消费者信心、维护整个行业的长治久安。

四、双头监管协同机制

具体的职责分工主要是与《办法》协同，落实“双负责制”。双负责有两层含义：第一层是中央和地方的双负责，中央是由银监会会同有关部门（十四个部委），地方是由省级人民政府负总责；第二层是地方上的双负责，地方省金融办和银监会省级派出机构（银监局）共同负责。在整治过程中，协同机制非常重要。互联网金融混业特色十分突出，已经不是简单的金融业态混同，更是产业与金融的混同。针对非金融机构，尤其是互联网机构全面开展金融业务的现状，监管者需要针对互联网金融的复杂性和混业性采取与之前不同的监管方式。

五、整改范围广

此次整治范围落脚于《办法》，但并不仅仅局限于《办法》，而是与国家宏观调控政策、双创政策紧密结合在一起。除了具体业务模式的整改以外，《办法》增加了具体细分行业的整治维度，对近年业务扩张过快、在媒体过度宣传、承诺高额回报、涉及房地产配资或校园网贷等业务的网贷机构进行重点排查。

六、方案应与《办法》结合起来进行理解

尽管方案 10 月 13 日公布，但实际签发日期是 4 月 13 日，主要条款参考的是《办法》的征求意见稿版本。监管者的初衷是为了维护市场稳定，实现存量风险的缓释，但方案有些细节略有滞后。例如，方案中并未提及“限额”，在负面清单方面出现了“实物众筹”（《办法》相比征求意见稿，增设了限额条款，删除了“实物众筹”部分）。从法理上讲，无论是从法的效力位阶还是从时间上，都应当以《办法》正式稿为准。市场应当理性客观看待签发日期和公布日期的半年间隔，将方案与《办法》相结合进行正确理解。

02 P2P 风险专项整治工作的三大阶段

P2P 方面的整治工作主要分为三个步骤：摸底排查、分类处置、总结督导。

一、摸底排查——大数据监管的基础

第一个步骤是全面排查、摸清底数，原本说是2016年7月完成，延迟到9月底。P2P领域主要看风险情况、数据，之前一直没有权威的统计，监管者正是希望通过这一阶段掌握的基本情况，摸清行业底数，为常规性、常态化的监管打下基础。

银监会印发过具体的排查方案，包括排查的几个维度，自查、核查和现场检查，并且汇通第三方统计机构，利用行业信息库，多维度、多渠道地进行基本数据统计。例如，在工信部的一个事业单位国家计算机网络与信息安全管理中心帮助下，银监会主导搜索了三千多家网站和机构，作为各个省排查的参考。鉴于现实中的复杂情况，各个地方基本都采取一些特别的手段和措施，包括大数据检索、工商登记信息、举报等各个渠道，逐一核实基本信息，尽可能做到一户一档，基本上建立起了行业的档案信息体系。

各个省市的市场、企业、违法犯罪，各种好的、坏的情况集中到了中央的监管部门，使其掌握了当前互联网金融非常详细、立体的情况，掌握了大量案例和数据，形成了大数据监管的基础，下一步形成有效的基于大数据的风险监控系统，就能提高政府的监管能力，为下一步的互联网金融创新打下了非常重要的基础，这应该说是本次排查阶段最重要的价值意义所在。

二、分类处置——以行政手段为主，刑事手段为辅

分类处置原计划2016年10月完成，鉴于摸底排查阶段的完成推迟了两个月，这个计划估计也会延迟。

分类处置措施分为三类：第一是合规类，积极鼓励保护。主要是起到标

杆作用、引导作用的机构，回归到信息中介本质和小额分散理念，以及互联网特点的线上经营，专注主业。这样的机构将是未来发展常态化、健康发展的机构。第二是整改类，也是目前整个行业主流的机构。完全合规的较少，前期监管套利的情况下，规则不明确，导致了长时间以来积累了大量存量风险。这方面的整改也应当是分情节的，而不应该一刀切，情节比较轻的可以限期整改，拒绝整改或情节较重的要关闭，犯罪的移交司法机关。第三是取缔类，属于比较严重的，成立之初目的就不纯，涉嫌非法集资、违法违规活动，要坚决取缔。

专项整治的手段，表现为行政监管和刑事制裁相结合的特点。最终方案确定按照非法集资防范和处置工作进行属地管理原则，P2P 专项整治由地方省级政府主导，其他部门联动配合。从性质上看，P2P 是一个金融信息中介，而不是金融机构，因而无法由央行，或由金融监管的部门去主导，而应该采取类似对小贷公司、典当、担保等一些民间金融组织的监管措施，由省级地方政府负责本地区具体整治工作。刑事制裁则主要表现为《互联网金融风险专项整治工作实施方案》中“条块结合”的工作安排。

三、总结督导——总结经验，形成持续动态监管机制

银监会将适时赴各地对专项整治工作进行督导，各省级人民政府应对检查、查处、整改情况进行总结，形成报告，报送银监会。银监会将根据各地情况，形成规范整治工作总体报告，报送互联网金融风险专项整治工作领导小组办公室。这个阶段也意味着整治工作的阶段性历史使命即将完成，最终 P2P 行业将从市场主体、市场环境、监管机制三个层面总结经验，迎来规范化、常态化、健康化、可持续的发展进路。

03 P2P风险专项整治工作重点的两大维度

此次P2P风险专项整治工作具体方案可以总结为三个“1+3”：(1) 基本制度的“1+3”，一个《办法》加三个配套方案，即风险排查方案（已经下发）、分类处置方案（近期会发，主要是第二阶段工作）、第三阶段方案；(2) 分类处置方案的“1+3”，一个分类处置方案加三个具体方案，主要针对合规类、整改类、取缔类分类处置；(3) 培训工作的“1+3”，即总体培训和三个阶段的培训，接下来将具体进行分类处置和总结督导阶段的培训，全面落实《办法》和P2P整治方案。

打击只是手段，规范才是目的。专项整治的目标在于规范行业秩序，营造“大众创业、万众创新”的健康发展环境，保护那些真正回归P2P本质的平台，保护创业和创新的常态化、可持续发展。

一、业务模式的整治维度

（一）债权转让方面

方案中提出，对“违规债权转让”行为进行整治，但并没有完全禁止债权转让。结合《办法》的负面清单制度可知，债权转让的违规行为包括：“开展类资产证券化业务或实现以打包资产、证券化资产、信托资产、基金份额等形式的债权转让行为”，从负面清单的基本逻辑以及整治方案的表述可推知，债权转让行为在合规方面仍有较大创新空间。

（二）风险准备金方面

关于 P2P 平台的风险准备金问题，“风险准备金”本身提法上将网贷平台置于了信用中介的尴尬地位，容易落入《方案》的规制范围。因此更好的方式应当是建立行业风险保障金制度。此前《办法》缺乏投资者保护方面的赔偿机制，一旦平台跑路，投资者面临较大的损失，然而对于这种情况如何处理，此次《方案》中同样没有说明，但也未禁止。笔者认为，可以考虑建立行业性的投资者保护基金和风险保障基金，由协会主导或模仿证券投资者保护基金有限公司的模式，机制设计上避免信用中介属性，可以设计为类似国外平台破产后的救济功能。

二、具体行业的整治维度

（一）房地产融资市场——明确资质要求、对首付贷下禁令

在提及 P2P 借贷时单独列出房地产金融，明确要求未取得相关金融资质的房地产开发企业、房地产中介机构和互联网金融从业机构从事房地产金融业务；取得相关金融资质的，不得违规开展房地产金融相关业务。从事房地产金融业务的企业应当遵守宏观调控政策和房地产金融管理相关规定，严禁各类机构开展“首付贷”性质的业务。

整顿房地产融资市场与国家调控房市政策形成微妙联系，也符合小额普惠的治理思路。房市大涨就像 2015 年股市大涨一样，目前确实有大量的游资和炒房团，可能也有一些地下 P2P 借助首付贷来炒作房产。这对长期的房市和房地产调控来说也是一种风险，可能加剧房地产泡沫。这次整治显然会吸取股市教训，打击类似违法行为。当然，房地产上涨有很多复杂因素，但至少可以降低暗流资金对房地产市场的不当影响。

（二）校园网贷市场——分类处置、跨部门联合整治

实践中，促使大学生消费并为其提供贷款的商业模式，在金融的趋利导向下，本身就因为大学生群体的特殊性而饱受“不道德”的争议，其风险不断显现，造成了不良社会影响。校园网贷业务涉及机构类型复杂，包括 P2P 网贷机构、消费公司、分期购物平台、传统电商平台以及利用自有资金为大学生提供“赊销”服务的机构等多方市场主体。

此次银监会对校园网贷作为整治重点，主要策略是分类处置和跨部门联合整治。分类处置方面，在落实《办法》中关于投资者适当性、禁止性行为（虚假片面宣传、误导消费者等行为列入禁止行为清单）以及信息披露和风险提示等要求的基础上，进一步对涉嫌暴力催收、发放高利贷等违法违规机构采取暂停校园网贷业务、整改存量业务、加强对借款人的资格审核，落实第二还款来源等措施，打击违法违规行为，防止风险扩散。在跨部门联合整治方面，与教育部等部门建立了校园网贷联合工作机制，加强校园网贷平台监管整治，教育引导学生树立正确的消费观等内容明确具体应对措施，切实规范校园网络借贷平台的营销展业行为，增强学生网络金融安全意识和自我保护意识，防止校园网贷风险进一步扩散和蔓延。后续还会进一步贯彻联动机制，出台相应规范文件。

这些具体行业的工作重点也从侧面说明，目前专项整治是特殊阶段的措施和手段，不是常态化的。当然一步到位地通过专项整治解决存量风险也很难，一年左右时间难以消化此前长时间积累的问题，但鱼龙混杂的现状应当会有很大的改观，在这个基础上引入常态化监管。可以说，《方案》和《办法》是相得益彰的，《办法》及配套制度是基础，专项整治最终目的是为了落实《办法》，旨在建立规范健康发展的长效机制。应当看到，互联网金融本身就是“大众创业、万众创新”的一个重要方面，互联网金融之所以能够

如火如荼地开展，也归功于国家鼓励创新、支持创新的良好政策支持。

同时，互联网金融也能够改造金融，使其回归普惠金融的本质，为双创提供金融支撑。长期以来，制约中小企业发展的首要问题是融资难，提供金融服务给规模有差别的企业，对于不同的金融机构而言，成本和效率存在较大差异。中小企业融资需要中小金融机构和适当的非正规金融，而我国以大型金融机构为主的高度集中的金融体制和金融压抑的管制型监管体制都严重不适合于创客和中小企业的融资。

互联网金融本质上带有普惠性，能够为创客和中小企业提供切实有效的资金支持，为双创打下金融的制度基础。规范发展 P2P 网络借贷等互联网金融有助于发展新经济，培育新动能，切实推动“大众创业、万众创新”。

典型案例 

某 P2P 网贷平台非法吸收公众存款案①

徐某某在余某及蒋某某、王某（均另案处理）三人牵线下，与 R 公司签订 P2P 网贷系统的开发、维护合同，以徐某某实际所控制的 M 公司设立 W 平台，对外宣称 P2P 网贷系统。通过宣传、推介、协助运营等工作，该平台在 2015 年 4 月至 11 月间，以年息加奖励 19% ~40%，并由徐某某任法定代表人的 C 公司以 1：1 进行担保为诱，向全国 1200 余人非法吸收公众存款达 × × 万元。为此余某、蒋某某、王某三人非法获利 × × 万元。被告人陶某、陈某甲、许某、宋某、郑某、徐某甲明知该平台在向全国各地投资人非法吸收公众存款，仍然帮助徐某某及该平台进行非吸活动。其中陶某、陈某甲为平台提供客服培训、运营、策划，陶某从中获取好处费 × × 万元，陈某甲从中获取好处费 × × 元。许某对平台非吸活动的资金进行管理，宋某为平台发

① 案例来源：绍兴市上虞区人民法院刑事判决书（2015）绍虞刑初字第 229 号。

标制作借款合同标，郑某在平台负责提现、到账审核及打款工作，徐某甲受徐某某指派担任M公司法定代表人，并与R公司签订P2P网贷系统开发维护合同，平台设立后受徐某某指派收取部分徐某某资金拆借利息。徐某某通过该方式吸收的存款，部分用于支付平台投资人利息、奖励，部分用于凯锐公司经营，部分以高额利息借贷给众多企业及个人，从中获利。

法院审理认为，被告人徐某某违反国家金融管理法规，未经有关部门依法批准，通过设立P2P网络平台融资的途径向社会公开宣传，承诺在一定期限内还本付息，向社会不特定对象吸收资金，数额巨大，被告人余某、陶某、陈某甲、许某、宋某、郑某、徐某甲明知被告人徐某某通过P2P网络平台非法吸收公众存款，仍提供相应帮助，八被告人的行为均已构成非法吸收公众存款罪。公诉机关指控的罪名成立，予以支持。在共同犯罪中，被告人徐某某系M公司的实际控制人，并全面掌控、支配吸收到的资金，起主要作用，是主犯，应当按照所犯全部罪行处罚，其辩护人提出的被告人徐某某主观恶性、所起作用均轻于操盘者的辩护意见不能成立，不予采纳。被告人余某、陶某、陈某甲、许某、宋某、郑某、徐某甲经商谋、受指派或受雇佣参与犯罪，起次要或辅助作用，是从犯，其中对被告人余某依法从轻处罚，对被告人陶某、陈某甲、许某、宋某、郑某、徐某甲依法减轻处罚。被告人徐某某、陶某、陈某甲、许某、宋某、郑某、徐某甲在犯罪以后自动投案，如实供述自己的罪行，是自首，可依法从轻处罚。被告人陶某规劝同案人员归案，有立功表现，可依法从轻处罚。案发后，被告人徐某某归还部分款项，可对各被告人酌情从轻处罚。被告人余某、陶某、陈某甲已退出个人违法所得，被告人余某还退出部分共同违法所得，并取得部分投资人的谅解，均可酌情从轻处罚。

第八章

互联网消费金融风险与安全治理

01 互联网消费金融风险

互联网消费金融是一个创新于传统消费信贷模式的概念。我们大多有过使用信用卡进行透支消费的购物经历，银行根据我们个人的信用评级授予我们一定的信用额度，并为我们签发信用卡。当互联网技术、思维与传统的信用卡相结合后，就产生了互联网消费金融的模式。所谓互联网消费金融，可以概括为“线上审核、账户授信”的模式，使得消费者无须使用实体的信用卡进行刷卡消费，便可以直接完成网络上的信用支付，然后在规定的期间内还清账单即可。我国的消费金融市场，尤其是互联网消费金融市场，目前尚处于发展初期，极具发展潜力，也面临着许多风险性问题。

一、互联网消费金融的准入风险

消费金融属于需要特别审批方进入的领域，需要领取消费金融牌照。根据银监会颁布实施的《消费金融公司试点管理办法》（以下简称《管理办法》）第一章第二条对消费金融公司的定义：

本办法所称消费金融公司，是指经银监会批准，在中华人民共和国境内设立的，不吸收公众存款，以小额、分散为原则，为中国境内居民个人提供以消费为目的的贷款的非银行金融机构。

《管理办法》同时在第三章第二十条中明确规定了消费金融公司的经营

业务范围：

经银监会批准，消费金融公司可以经营下列部分或者全部人民币业务：（一）发放个人消费贷款；（二）接受股东境内子公司及境内股东的存款；（三）向境内金融机构借款；（四）经批准发行金融债券；（五）境内同业拆借；（六）与消费金融相关的咨询、代理业务；（七）代理销售与消费贷款相关的保险产品；（八）固定收益类证券投资业务；（九）经银监会批准的其他业务。

根据《管理办法》来看，消费金融公司是要取得消费金融牌照才可进行个人消费金融等相关业务。但电商等从事互联网消费金融的主体是否需要申请消费金融牌照才可进行消费金融业务，暂无明确的规定。目前国内已经出现了多种互联网消费金融产品，对于经营这些产品的公司是否需要申请消费金融牌照，理论界目前存在争议。

假设某电商平台 A 给予用户 B 一定的信用额度，B 透支购买该电商平台上的产品，有两种还贷模式可供选择，一种是延期30 天免息还贷，另一种则是分 N（N 为一可选数字如 3、6、9）期还贷，并收取一定的手续费。

若用户 B 选择了第一种还贷模式，则该消费金融产品不会产生相关法律争议，在性质上可以判定为一种常规的商业行为，即“赊销”模式。但如果该用户选择了第二种还贷模式，该消费金融产品的性质就会很难判定。如果将手续费看作一种利息，那平台无疑是在发放个人贷款从而进行“赊销赚息”。该平台是否需要申请消费金融牌照存在争议，目前众多的互联网个人消费金融产品“无证经营”的状态广泛存在，在经营资质和准入方面存在巨大风险，这也要求监管部门及时更新监管思路，促进互联网消费金融健康发展。

此外，作为消费金融代表的“虚拟信用卡”业务定位也存在模糊地带。1997 年 12 月 1 日起施行的《支付结算办法》第一百三十条定义“信用卡”

为一种“特制载体卡片”，具有实体；1999 年 3 月 1 日起施行的《银行卡业务管理办法》第二条将“银行卡（包括信用卡）”定义为一种“信用支付工具”，按信息载体分为磁条卡和芯片卡，具有实体；2004 年 12 月 29 日通过的全国人大常委会关于《中华人民共和国刑法》有关信用卡规定的解释将“信用卡”定义为“电子支付卡”，该司法解释对应的罪名是“妨害信用卡管理罪”和“信用卡诈骗罪”，根据文义、立法目的、司法解释和司法实践，应当认为信用卡具有实体；2011 年 1 月 13 日起施行的《商业银行信用卡业务监督管理办法》定义“信用卡”为“具备银行授信额度和透支功能的各类介质”。由此可知，信用卡须具有实体形式。目前我国成熟的网上银行、手机银行业务是实体卡业务在线上的延伸，仍以实体卡为基础。但是，随着线上支付业务的迅猛发展，尤其是快捷支付、无卡支付等绕过网上银行的支付方式的出现，某些信用卡持有者在大多数应用场景中只需要信用卡号或密码，甚至不需要卡号或密码（如小额快捷支付），实体卡存在的必要性已被削弱。

2014 年 3 月 13 日，央行印发《中国人民银行支付结算司关于暂停支付宝公司线下条码（二维码）支付等业务意见的函》，紧急暂停虚拟信用卡业务。央行在该函中指出，虚拟信用卡突破了现有信用卡业务模式，在落实客户身份识别义务、保障客户信息安全等方面尚待进一步研究，其合规性、安全性都有待有关部门进行总体评估。

根据我国现行法律法规规定，虚拟信用卡业务确实难以纳入现有信用卡范畴。信用卡的发卡主体是商业银行和非银行金融机构，发行需要获得中国人民银行的批准。发卡银行为拓展信用卡业务可与发卡业务服务机构合作，但发卡服务机构不得承包信用卡发卡营销、授信审批、交易授权、交易监测、资金结算等核心业务。我国虚拟信用卡的运营模式由第三方支付平台与商业银行共同运营，各有分工，其中第三方支付平台起到连接商业银行与用户的桥梁作用，并不涉足银行业务。其虚拟信用卡的发行、信用支付的资金、逾期的风险都由商业银行承担，但在重要的征信、授信与交易监测环节，第三方支付平台实际承担了更多的责任。表面上商业银行仍然是征信、授信与交易监测的主体，但其征信、授信与交易监测的信息完全来自第三方支付平台，后者实际掌握发卡甚至是交易审批的决策权，而商业银行承担主要风险。此外，在催收环节，商业银行只有通过第三方支付机构对逾期不还的用户进行催收或惩罚，其惩罚措施不足以追回欠款。暂停虚拟信用卡，并要求商业银行、支付机构在推出创新产品与服务时应至少提前三十天报备，符合商业银行开办业务需提前向中国人民银行总行或银监会申报备案的有关规定。

此外，在信用卡办理环节，依照法律法规规定，商业银行要向申请人尽到告知义务，督促申请人完整、正确、真实地填写申请材料，并审核身份证件（原件）与必要的证明材料（原件）。在实践中银监会更严格地要求商业银行遵循“三亲见”原则，即银行受理人员要亲见申请人本人、亲见申请人身份证、亲见申请人签字。有关法律规定发卡银行应对申请人开展资信调查，充分核实其财务状况，确认其还款能力。其中，法律特别规定，对首次申请的用户不得采用全程系统自动发卡方式核发信用卡。发行环节的最后一个步骤——信用卡激活，仍有发卡银行需要对持卡人进行身份核对，未激活的信用卡不得使用等严格规定。

二、互联网消费金融的信用风险

一些经营互联网消费金融的平台风险管理不到位，难以从历史交易数据中挖掘出足以支撑客户信用评价的信息。互联网消费金融有着万亿级的市场，该业务的规模一旦膨胀，信用风险将被放大，甚至超出预期。此外，互联网消费金融服务提供方无法像对普通信用卡用户那样要求用户提供担保或落实第二还款来源，资金安全风险全部由服务提供方或保险公司负担，这可能会引发资金的流动性下降等连锁反应。

三、互联网消费金融的信息安全风险

目前的互联网金融消费运营模式，主要凭借电商或第三方支付平台对其用户积累的信用和消费数据的大数据分析进行征信，交易安全保障也是通过第三方平台对用户交易行为的监测实现的，当用户做出异于平常的行为时，系统会及时做出反应。在互联网时代，这部分数据和其他数据一样，面临被黑客盗取、篡改的风险。一旦系统被黑客攻破，将会对虚拟信用卡的运营模式及其市场造成巨大破坏，扰乱金融市场秩序与社会稳定。

四、互联网消费金融的欺诈风险

互联网消费金融的出现对风险管理体系及技术都提出了较高的要求，在方式选择上区别于传统商业银行的做法，根据业务的流程做到系统化的风险管理，其中最应重点关注的便是欺诈风险。一方面，存在利用互联网消费金融业务进行诈骗、套现的违法行为，此种情形下，平台是被欺诈的对象。此前，消费信贷兴起时，一些借款者虚构古董、字画、红木家具等价值较难估量物品的买卖合同进行骗贷，事实上大多用骗取的贷款进行高风险投资活动，一旦投资失败则难以偿还，互联网消费金融需避免重蹈覆辙。另一方面，互联网消费金融平台也会进行欺诈或虚假宣传，例如，利用低分期利率来吸引金融消费者，但在实际收取费用时却并非广告中所说的利率水平，实际利率远高于其宣称的费率。在近期的互联网金融专项整治过程中，虚假宣传的行为将受到严厉惩处。

02 互联网消费金融风险与安全治理要点

一、资质条件

自2010年银监会给四家公司颁发了消费金融公司牌照后，后续多家公司获得了合法的消费金融公司牌照，准入资质的监管是消费金融行业监管的主要措施之一。2015年7月，央行等十部委发布的《关于促进互联网金融健康发展的指导意见》（以下简称《指导意见》）明确要求，消费金融公司通过互联网开展业务的，要严格遵循监管规定，加强风险管理，确保交易合法合规并保守客户信息。同时还要制定完善产品文件签署制度，保证交易过程合法合规，安全规范，明确银监会为互联网消费金融业务的监管主体。《指导意见》对于互联网消费金融来说起到了“正名”的作用，从加强顶层设计的角度为互联网消费金融纳入监管的轨道提供了重要契机。

但是也要看出，《指导意见》只明确规定了消费金融公司通过互联网形式开展业务的相关情形，但并未提及电商平台、P2P平台、第三方支付平台从事互联网消费金融的问题。笔者认为，随着互联网金融行业监管要求的进一步明确、专项整治活动的逐渐展开，互联网消费金融将纳入规范化发展的轨道，监管机构通过发放牌照来进行监管是一大趋势，从而实现对互联网消费金融的准入资质的管理。

二、资金来源

无论对于新设立的消费金融公司还是其他开展互联网消费金融业务的机构来说，充足的资金是业务持续开展的物质基础。但若对资金的来源把控不好，则可能触及法律的底线。对于新设立的消费金融公司来说，不能吸收公众存款，如何取得大量的低成本运营资金成为关键。目前已获得消费金融公司牌照的机构可以通过吸收股东存款、同业拆借、发行金融债券、资产证券化等多种方式融资，但对于未取得牌照的互联网消费金融平台而言，几乎只有吸收股东存款单一途径能够获得资金，若股东没有大量的资金或者对资金的回报率要求较高，则将限制消费金融业务的开展。因此，发展互联网消费金融，一方面要有愿意持续提供低成本资金支持的股东，另一方面则需要监管部门对平台进行评级审核，实施分类监管，对于合法合规经营、创新能力强、业务发展稳健的机构赋予更为宽泛的资金渠道。

三、风控体系

从事互联网消费金融业务的企业需要建立完善的风控体系。第一，建立大数据分析系统、信用评分系统、反欺诈系统和催收管理系统，并加强系统安全监测和内部控制管理，增强核心系统的研发能力。第二，通过保险、担保等方式分散风险。第三，加强互联网消费金融平台的审核义务。在发放贷款前，平台要审核金融消费者的信息是否真实、有效、完整，是否具备相应的购买能力、还款能力和风险承受能力。在发放贷款后，要及时追踪资金的使用是否用于消费，避免利用消费金融从事套现等欺诈活动。第四，加强系统防火墙和加密功能，防范黑客攻击，保障消费者信息和资金安全。

第九章
互联网供应链金融风险与安全治理

01 互联网供应链金融的风险

一、互联网供应链金融的市场风险

与传统供应链金融类似，互联网供应链金融的市场风险主要体现在利率风险和商品价格两方面，但具体表现有所不同。

在利率风险方面，相比商业银行传统贷款的计息方式，互联网供应链金融依托大数据、云计算等技术重构了信用风险定价的范式，使得每个企业都有自身的定价标准，在利率市场化的基础上进一步体现出差异化的特征。但现阶段，由于信用体系尚不完善，配套制度仍不健全，互联网供应链金融的利率风险可能被放大。

在商品价格风险方面，市场经济中的价格波动属于正常现象，但特定时期价格也可能大幅度波动，尤其是受宏观经济或行业整体景气度影响。互联网供应链金融可以覆盖传统供应链金融服务难以覆盖的小微企业，这些小微企业的需求往往是小金额、批量化的，单笔几十万元，更小额的甚至单笔几万元，而互联网供应链金融使其实现资金可得性并降低其融资成本。小微企业的产品存在差异化、个性化、创新式发展的趋势，比传统产品价格波动的可能性更大。因此，互联网供应链金融必须加强缺口管理（即针对资产和负债之间的缺口加以管控，以使两者维持在经营者所期望的水准）和套期保值（即指定一项或一项以上套期工具，使套期工具的公允价值或现金流量变动，预期抵消被套期项目全部或部分公允价值或现金流量变动风险)。①

二、互联网供应链金融的信用风险

信用风险在不同主体上表现各异，需要对供应链上各参与主体的资质、偿债能力、担保能力、发展能力做出综合评估。重点是核心企业，但其他参与主体也不能忽视。

一方面，由于核心企业掌握了供应链的关键资源，是链条上各参与主体的纽带，掌控着物流、信息流和资金流，并依托自身综合实力形成了较强的信用增级功能和供应链整体的管理能力。若核心企业的信用出现问题，风险可能迅速扩散蔓延至上下游企业，直接影响供应链的整体风险状况。

另一方面，上下游企业多以中小企业为主，虽然基于互联网技术采取的增信手段可以在一定程度上降低资金端和企业之间的信息不对称，加上多渠道的信贷风险管理机制可降低信用风险，但中小企业自身存在的问题仍然可能引发极大的风险，比如受公司治理问题、风险抵御能力差、生产经营不稳定、制度不健全、管理混乱、技术薄弱、资产单薄、团队人员不稳定等因素影响。相较于传统的信贷审批而言，经营行为不规范、财务报表可信度较低、信息透明度较差、信用约束力不足等成为阻碍中小企业获得贷款的关键因素，而互联网供应链金融中的低信贷成本，让“长尾市场”中的小微企业也能得到互联网供应链金融的支持。中小企业在得到互联网供应链金融所带来的金融普惠的同时，也面临着一系列的问题，例如很多小微企业为了规避税收或降低成本存在两套甚至多套账、利用“资金过桥”形式完成注册资金实缴，甚至虚假注册资金。

---

① 赵薇谟：《套期保值会计准则对企业会计处理的影响研究》，《时代金融》，2010 年第 11 期。

此外，互联网供应链金融的互联网属性使上述信用风险呈现出隐蔽性和差异化的特点，同时也对信用风险审查和定价、风险控制手段提出了更高的要求。控制信用风险最重要的是强化授信企业的准入和整体交易审查，即对核心企业和各个上下游企业的业务状况、相关合作情况、合同履行状态和履行能力做出综合评价：① 核心企业应当注重实施准入管理。互联网供应链金融业务模式的开展以核心企业的信用为中心，其信用状况不仅涉及对上下游企业的担保，还涉及经营风险的传导性，因此核心企业在现阶段的企业授信准入中的作用最为关键。② 上下游企业应当真实反映自身的信用状况与风险。由于中小企业风险的客观存在，通过交易结构设计只能在一定程度上降低信用风险，因此应当将中小企业的主体风险和债权项目评级相结合，重点考虑与核心企业合作稳定、紧密度高的企业，并利用互联网实现对于生产经营情况、业绩和销售情况、应收账款和存货的周转情况、现金流稳定性的动态监测，尤其是历史交易记录和履约记录。

三、互联网供应链金融的道德风险

由于核心企业扮演了关键角色，其经营状况和发展前景决定了上下游企业的交易质量，甚至直接关系到上下游企业的发展乃至生存，这种具备“系统性影响”的核心企业可能会存在道德风险，即在最大限度地增进自身效用的同时做出不利于他人的行动。核心企业拥有了此种优势地位，才使得中小企业迫于生存压力受裹挟而利益受损。例如，国内电商平台的极速发展之后，若干平台实际上利用流量形成的“马太效应”占据强势的市场地位，在互联网供应链金融中逐步扮演着核心企业的角色。而第三方企业相比平台在议价能力方面处于弱势地位，账期不断被压缩，付款条件愈加苛刻，从而大量资金成本被转嫁给中小企业，事实上形成了对中小企业的大量无息负债

（应付账款），挤占了中小企业的潜在盈利空间和发展空间。

而破解道德风险的关键在于在线销售的“去中心化”和互联网融资的“去中心化”，只有形成强有力的竞争、打通更多的销售和融资渠道，才能恢复平等、公平的交易地位，中小企业也必须通过差异化发展和自身创新，形成自身独特的竞争能力。随着金融科技的发展，以及互联网革命的进一步深化，未来“去中心化”的发展势必将破除上述道德风险，而中小企业对此应当保持高度敏感性，以期抓住创新发展、弯道超车的机遇。

四、互联网供应链金融的贸易真实性风险

互联网供应链金融的自偿性基础在于真实的贸易背景，这既是维系供应链金融的基石，也是实现供应链金融风险可控的重要着力点。真实贸易背景将带来真实的应收和预付账款、存货抵押和质押，再加上核心企业的信用增级手段，是整个供应链融资项目具备自偿性的基础。如果贸易的真实性无法得到保障，则会衍生出贸易关系的虚假、应收账款不存在或合法性有问题、质押不存在或质量有瑕疵等诸多问题，甚至出现虚构交易恶意套取资金的违法犯罪行为。由于互联网的虚拟性和网络安全问题，使得互联网供应链金融在贸易真实性方面存在更大的风险，相关欺诈行为在互联网的交易背景下更加隐蔽。

贸易真实性风险产生的最根本原因在于借贷双方、供应链上下游的信息不对称，因此防范该风险最关键的因素是构建互联网信息工具的新范式，从而打破此种信息不对称，并确保相关信息的真实性、可追溯和不可篡改。现阶段互联网供应链金融平台应当充分运用征信、大数据等技术，以主体信用为依托，以查明交易记录和实际调查为补充，尽可能降低贸易真实性的风险，防范主观恶意的欺诈行为。值得注意的是，当前区块链技术的迅猛发展

为未来化解贸易真实性风险提供了解决方案。区块链技术具备分布式记账、具备时间戳，难以篡改（只要区块链参与主体够多几乎不可能篡改成功），以及可追溯等特点，一旦其应用于互联网供应链金融，将极大降低信息成本，确保贸易相关信息的真实性，有效解决信息不对称的困境。

五、互联网供应链金融的操作风险

由于互联网供应链金融自偿性的交易结构依赖于对"四流"（商流、物流、资金流和信息流）的有效控制，需要构建起专业化的操作环节流程安排、引入独立第三方的监督并且完善业务相关制度，这对操作环节的流程监管提出了较高的要求。操作风险是指不完善或有问题的内部操作过程、人员、系统或外部事件而导致的直接或间接损失的风险①。在互联网的场景下，这些风险逐渐被放大，例如，网上业务或内部管理出现错误、电子法律文书存在漏洞、内部人员利用系统漏洞监守自盗、外部人员利用系统漏洞进行欺诈、网络遭到黑客攻击、电子系统硬件及软件发生故障等风险因素。

在风险可控的前提下，由于互联网供应链金融体系通常由一系列电子系统和软件所组成，后台操作的复杂性远高于传统融资业务，如果操作系统出现漏洞、操作不规范、操作失误，则会导致实际损失的发生。这种可控的操作风险表现为：流程风险、人员风险、技术风险、融资审批风险、支付风险和仓储监管风险。

"四流"具体表现为：① 在商流方面，购销过程会存在一般契约行为存在的各类风险，如违约、争议、情势变更、不可抗力等风险，生产也会存在商业风险和一般风险因素，在线电子合同签订等"线上化"环节也带来了新

---

① 卢显文：《操作风险管理的相关研究：问题与争议》，《经济研究导刊》，2016 年第 7 期。

的风险因素；② 在物流方面，由于质押物的监管主体为物流企业，质押物的所有权信息、质量信息、交易信息的动态了解和信息沟通有赖于物流企业的提供与分享，如果物流企业采取的是线上管理系统或制度，信息工具的有效性则很重要。如果物流企业自身经营不当或相关人员不尽责造成质押物毁损灭失，或监管方出现了道德风险，则会导致物流风险的产生；③ 在资金流方面，可能存在资质审查不力或放款行为不规范的风险，互联网情况下资金流动更加频繁、迅速，给风险甄别带来极大的挑战；④ 在信息流方面，基于互联网特性可能会存在网络安全和道德风险所导致的信息滞后、信息虚假或信息篡改等风险。

从根本上看，流程监管风险的存在主要源于复杂的交易环节与操作，过度依赖于供应链体系和放贷审查方面的制度严密性和规范性。互联网供应链金融平台应当制定专业的操作指引、有效的内部控制机制、健全的流程风险管理制度与微观的操作规范、相关指引和范式的确定与完善，并通过人员培训、强化行为指引与规范等方式降低审查人员对审查结果过度主观化的影响。同时延伸至授信主体和上下游企业之间的合同真实性、合同履行状况、通知程序的完善，确保放款程序和回款程序的流程风险可控，加强对质押物的监管，尽可能选择长期合作、资信条件优的物流企业，严格控制审查人员、工作人员的自由裁量空间，使得信用判断、事实判断有章可循。此外，应当充分利用互联网技术的进一步发展，“以网治网”，通过新技术的普及和应用克服互联网带来的风险，促进互联网供应链金融的科技迭代。

六、互联网供应链金融的系统性风险

互联网供应链金融行业作为互联网金融最具发展潜力的子行业之一，其交易结构和交易模式的独特性使得其风险点会被放大。互联网供应链金融立足于个人信用，虽然有互联网技术在背后作为风险控制的技术支持，但是一旦出现大规模的违约事件，则会引起严重的流动性危机。在互联网金融行业之间联系愈发紧密的今天，这可能会引起链式反应，从而引发金融系统性风险。

互联网供应链金融的系统性风险还主要体现在宏观经济波动在国民经济各部门的传导与影响。宏观经济存在一定的运动周期，随着经济的波动，市场也随之波动。同时，宏观经济与互联网供应链金融之间的影响也是相互的，当宏观经济出现波动时，互联网供应链金融的供需条件就会发生相应的变化；反之，作为互联网金融行业重要组成部分的互联网供应链金融一旦出现风险，无论是对供应链的核心企业、上下游企业、物流企业与相关银行，都会产生传导效应，从而引发互联网金融的行业风险，并最终可能上升为金融系统性风险。

02 互联网供应链金融风险与安全治理机制

互联网供应链金融的特性决定其依托核心企业的融资能力，向整个供应链提供融资的方式，对核心企业的信用水平依赖度较大，一旦核心企业或融资链条上重要一环产生信用风险，将蔓延至整个供应链上、中、下游的参与者。因此，在进行业务创新的同时，还需采取有效措施进行风险防范。

一、风险评估

风险隔离要从源头抓起，应严格企业准入，结合平台掌握的交易信息与企业信用信息，完善企业经营能力及发展前景评估机制，建立可靠的企业信用等级评定体系。建立风险监控体系，科学运用风控工具进行风险跟踪，动态监测链上企业的风险水平，及时掌握其价格变动、信用、经营状况，做好风险识别和监控。

在风险评估中重点关注如下项目：一是抵、质押物的市值，定期进行测算。一般而言，当抵、质押物的市场价格明显降低时，违约成本降低，企业违约的可能性增加；二是融资对象履约能力和清偿能力，对企业的主营业务收入、企业规模、交易量等主要指标赋以不同的权重加权计算，由此评判其清偿能力，通过平台的交易量数据较易取得；三是供应链中的企业经营状况与企业间的相关性，以平台上的核心企业为中心，分析供应链融资中的风险传导机制，对整条供应链融资资产组合的价值进行测算，更好地模拟平台上融资业务的变化过程；四是供应链金融的合同文本，防范合同中的漏洞和操作风险。

二、风险控制

针对上文论述的开展供应链金融所面临的主要风险，在风险控制上，笔者认为，自偿性是供应链金融的优势，建立封闭贷款流程可控制信用风险。通过与物流企业建立信息共享机制，监测物流信息，进行客户和商品信息收集，可控制市场风险。明确法律主体及各主体权利义务，强化资信抵押物监管，可降低法律风险。

结合互联网金融的特点，建议建立专业的电子化信息系统对客户管理、货物管理、资金管理、行业管理、业务模式、操作流程、渠道等进行实时监控。这样不仅能全面、方便、即时掌握成员单位的经营、销售和融资信息，实现抵、质押物品与融资平台信息的共享，还能自动进行风险预警，解决信息传递过程中由于时滞或失真等原因导致的判断错误问题。

三、风险转移

为降低互联网供应链融资中风险传导的影响，应通过签订规范的合同文本，将供应链融资中会对平台经营产生较大影响的小概率风险，通过核心企业、保险公司等转移，或通过引入更多风险承担者等的形式提高银行的风险抵御能力①。与电子商务平台和担保机构合作，建立风险补偿机制，以期及时弥补信用链条断裂带来的冲击，后续再进行其他方式的补偿。

四、风险处置

在互联网金融背景下，平台需要由具备风险处置经验、能力、人力和资源的专门部门充当风险处置主体，并通过完善的问责机制避免利益冲突。

具体处置措施包括对风险源的临时接管；建立完整的预警评价指标体系及应急系统，当指定指标超出阈值时发出预警信号，应急系统启动及时处理风险；设立资产管理实体，剥离不良资产；强制转移资产和负债；建立网上风险处置与纠纷解决机制，高效快速应对风险事件。此外，互联网供应链金融风险处置资金的来源可通过专门的保险或处置基金来实现。

---

① 牛晓建等：《供应链融资的风险测度与管理——基于中国银行交易收据的实证研究》，《金融研究》，2012 年第 11 期。

第十章
小贷公司互联网金融业务风险与安全治理

小额信贷这一微型金融模式近年来在我国及其他发展中国家都发展迅猛，已逐渐成为金融市场的重要组成部分，成为助推普惠金融发展的有力手段。2008 年，中国人民银行、银监会等部委联合下发《关于小额贷款公司试点的指导意见》，明确小额贷款公司发展政策，国内小额贷款公司迎来了新的政策机遇，进一步规范和鼓励发展非银行金融机构及民间金融体系。

互联网技术的快速发展为创新小微信贷服务提供了工具和平台。特别是 2015 年，中国人民银行等十部门发布《关于促进互联网金融健康发展的指导意见》，进一步拓宽了依托互联网改进小微企业金融服务模式的渠道，有力地推动小额贷款公司在互联网金融业务方面的创新。重庆、广东等地的灵活政策进一步促进了当地小贷行业的发展。

01 小贷公司发展互联网金融业务的主要模式

我国经济市场活跃、金融资源丰富，小贷市场前景广阔。目前，小额贷款公司借助互联网转型发展得到了监管部门的大力支持和推动。中央和地方相继制定了一系列相关管理办法、指导意见及监管政策，规范了小额贷款公司的准入条件、组织形式、经营业务范围及退出机制等，明确了传统小额贷款公司增加网络服务资质的相关条件，并规定了新设互联网小额贷款有限公司的相关要求。在政策上给予小额信贷机构以明确的指引，有利于充分发挥其对互联网金融市场发展和创新的作用。对加强中小微企业的信贷支持，完善多层次金融服务体系具有重要意义。

金融与互联网的深度融合，突破了传统金融经营模式和风险管理模式的限制。互联网金融的快速发展，扩大了融资范围，拓宽了融资渠道，降低了中小微企业融资成本，提高了金融资源的配置效率。小贷公司充分把握传统金融行业向互联网转型的历史时机，发挥自身优势，通过网络融资、投贷联动、产业链融资等创新业务模式，为中小微企业提供全面金融服务。与传统线下小额贷款公司相比，发展互联网金融业务的小贷公司通过运用互联网技术搭建集贷款申请、贷款签约、贷款审核、贷款发放、贷后管理等功能于一体的线上贷款平台，借助互联网运营降低成本、提高效率、扩展网络覆盖、提升客户体验。下面介绍目前我国小贷公司发展互联网金融业务的主要模式。

一、互联网 + 小贷 + 消费金融

小贷公司利用灵活快速的运营优势和创新的“互联网 + 小贷 + 消费金融”合作模式打造消费金融小额贷款平台，引进国内外先进的互联网技术，服务中小微企业，提供创新网商合作模式，特别是结合业务场景展开产品创新和风险控制，对加快丰富中小微企业金融服务体系具有重要的探索意义。

近年来，消费金融小额贷款平台的数量和规模不断增加，越来越多的电商企业逐步涉足小额贷款领域。阿里巴巴、苏宁易购、京东商城、慧聪网、唯品会等纷纷投入到消费金融小额贷款金融行业中。除出资外，对没有自行设立小额贷款公司的消费金融平台，与具有一定技术水平的网络小额贷款公

司建立战略合作，也是为客户提供融资服务的最切实可行的有效方案。例如，去哪儿网已经与多家小额贷款公司完成了系统对接，对线上客户提供短期融资服务。

消费金融平台能够快速进军金融服务领域，其最大的核心优势在于其拥有海量的客户资源所集成的庞大数据库，并能基于云计算平台等技术对客户信息进行充分的挖掘、分析，实现对客户信用水平和还款能力的审核。以阿里小贷为例，其依托于阿里巴巴 B2B、淘宝、天猫、支付宝等电商版块的强大的客户群以及客户的交易历史数据，通过客户在电商平台上的行为数据映射出企业或个人的信用等级，为阿里小贷的风险审核及控制提供最有利的数据支撑。阿里小贷不依赖于担保与抵押，重点在于大数据评测出的客户信用情况，降低小微企业融资的条件。通过与消费金融平台对接，阿里小贷能够直接监测客户融资的真实用途以及贷款使用情况。

"小贷＋互联网消费金融"合作模式作为企业可持续经营的突破性创新，主要依赖于消费金融平台利用自己积攒下的大量数据，真实有效地分析需要贷款的客户信息，降低了贷款的风险，同时也获得了客户与平台的双赢。

二、互联网＋小贷＋供应链金融

随着市场运营模式的不断变化与发展，同一供应链中的上下游企业关系更为紧密，相互依存。其中，赊销记账已成为交易的重要手段之一，处于供应链中上游的供应商需要利用应收账款或储存货物作为还款来源保障手段获得资金支持，以保证公司的资金运转。为了提高整个供应链上资金运作的效率，降低财务和管理成本，将单个企业的不可控风险转变为供应链企业整体的可控风险，"互联网＋小贷＋供应链金融"的模式应运而生。

小贷公司借助自身灵活的机制和产品创新的优势，可以根据市场的需要开发高效、适用的融资产品，利用线上贷款平台围绕供应链金融应收账款、应付账款、买方信贷、商品融资、结构式保理等业务，依托网络贷款模式，为上下游企业提供更快捷的信贷服务、更优质的服务体验。

三、小贷+P2P

小额贷款公司牵手P2P借贷平台，在业内已司空见惯。由于小贷公司对当地中小企业、资产端相对比较了解，经过多年的贷款业务经营，积累了丰富的中小企业的资产端资源，但是受制于融资、注册资本金、杠杆等限制。小贷公司可以充分利用掌握的这些优质资源对接P2P平台，这样不仅盘活了小贷公司的优质资产资源，也从本质上解决P2P平台资产端质量差的问题，为P2P平台的正常运营起到了有力的保障，从而从根本上杜绝了P2P平台因资产差而引发自融、非法集资的风险隐患。同时，小贷公司承担项目推荐和线下风险管理职责，P2P提供融资平台。

小贷公司对借款人进行全面的身份审核、验证借款人资料、形成小贷公司与借款人面签机制，以此保障借款人信息的真实性和项目来源的可靠性。①

对于P2P平台，与小贷公司的合作给平台带来有力的风险管理保障。P2P平台借力小贷公司，对潜在的信用风险点进行严格控制管理，识别和降低了虚假信息带来的潜在风险，有效地避免了欺诈风险。

除了能够通过面核直接掌握借款人的信息，小贷公司还能够对借款人的资信进行评估，优先推荐信用等级高的，这对于是否能够成功在P2P平台上发标起到了巨大的影响作用。通过P2P平台长期的借贷信息数据，小贷公司也能够做出较为优质的项目标的，在标的未足额融资的情况下，小贷公司为

---

① 黄莉娟：《P2P网贷平台与小贷、担保公司合作的风险分析》，《市场周刊（理论研究）》，2015年第8期。

项目提供“最后一公里”的资金，作为出借人参与到P2P平台的项目中，形成借款方、P2P平台、小贷公司三赢的局面。

《网络借贷信息中介机构业务活动管理暂行办法》（以下简称《办法》）明确了网贷监管机制和业务规则，对网贷业务管理和风险控制提出具体要求，保护消费者权益，强化信息披露监管，同时提升互联网金融效率。该《办法》的颁布，有利于肃清P2P行业中违法违规平台，有利于金融消费者保护和教育，有利于整个互联网金融行业的发展，推进供给侧改革。小贷公司若要开展P2P业务，也应严格遵守《办法》规定。在选择合作对象时，应选择符合《办法》规定的优质目标平台。

02 小贷公司开展互联网金融业务面临的风险

一、经营受限

小贷公司以一般企业法人身份在工商部门登记注册，经营着类银行业务性质的金融业务，受当地所属政府金融办的监管。由于小贷公司没有金融许可证，因此不在《商业银行法》等法律的规制范围内。小额贷款公司不能在税前提取风险准备金，不能按照银行间同业拆借利率从银行业金融机构获得资金支持，无法纳入到银行间的结算系统内，也无法获取人民银行征信系统中的信息，[①] 这无疑也使得小贷公司开展互联网金融业务受到限制。

① 潘意志：《阿里小贷模式的内涵、优势及存在问题探析》，《金融发展研究》，2012年第3期。

二、资金来源受限

资金是小贷公司持续发展的基本要素。根据《关于小额贷款公司试点的指导意见》，小贷公司不得吸收公众存款，其资金来源只能是股东缴纳的资本金、捐赠资金以及从不超过两家银行业金融机构的融入资金。这控制了小贷公司的资金周转率及利润率。小贷公司布局互联网金融，为保障用户的体验，资金到位时限通常为 T+0，这对于小贷公司的资金充足、流动性提出了较高的要求。然而小贷公司资本金成本高，融资渠道窄，资金杠杆受制，难以实现资金即时到位。

三、技术安全隐患

向网络贷款业务模式转型，服务消费金融、供应链金融，与 P2P 等平台建立合作关系，均要求小贷公司具备科技对接的能力，能够实现贷款线上申请、在线风控、线上审批、线上发放及线上收回等功能。目前我国小贷公司具备“银行”级别贷款核心系统的不多。为保障线上融资的安全性，如何增强小贷公司的综合技术实力成为亟待解决的问题。

四、风险管理能力较弱

小贷公司进军互联网金融，通过线上提供融资服务，要求小贷公司不能抱着原有传统小贷的风险管理模式故步自封。传统小贷公司的风险管理模式无法应用到线上网络平台，因此，需要探索适用于线上业务的风险管理机制。

03 小贷公司互联网金融业务风险与安全治理机制

一、加大政策扶持力度

（一）适当放宽监管政策

首先，政府可树立行业标杆企业，并为其提供风险补助政策。小贷行业鱼龙混杂，选择服务中小企业运营模式创新、严格遵守监管要求的企业起示范作用，引导行业发展方向。其次，可适当放宽风险管理体系健全的小贷公司融资限制，扩大小贷公司资金来源，鼓励各机构团体对小贷公司提供资金支持。最后，给予小贷公司税收优惠政策，尤其对经济较为落后的地区。

（二）加快立法进程

建议加快小贷行业立法进程，尽快出台有关小贷公司的法律，为确认小贷公司的法律地位，明确监管机关的职责与范围提供依据，保障行业有序发展，促进小贷公司的业务发展，对违约等违法行为制定相应的处罚规定。

二、提高运营科技水平

（一）组建经验丰富的科技团队

小贷公司需独立组建技术团队，或选择有丰富同业科技经验的外部 IT 技术团队的支持。要求技术团队的负责人在银行信贷、网络融资的技术开发、数据备份和运行维护方面具有一定的经验。除了搭建小贷公司自身的系统，还要求技术团队能够根据不同的网络合作平台、不同的业务场景制定与合作平台的对接技术方案，并完成实施。

（二）保障数据信息安全

在数据安全方面，为更好地满足线上的业务需求，保障小贷公司线上贷款系统的安全运行，可采用数据备份方案，定期策略备份，确保数据完整性。在系统安全防护方面，通过物理防火墙实现互联网、Web隔离区、应用数据库区之间的安全隔离，并部署黑客入侵防护系统。在系统操作可靠性方面，采用双联路、高可用防火墙、高可用负载均衡等技术和设备，在业务数量庞大、高并发的情况下仍然能够保证系统的正常运行，重点保障贷款流程中资金划转的步骤安全，实现整个系统的稳定可靠。在运行维护方面，采用拥有独立物理主机承载，建立了涵盖事件异常监控、系统变更、应急处置、备份管理的运行维护体系，确保系统7×24小时高可用运行状态。

三、完善风险管理体系

（一）建立专业的管理团队

在小贷公司发展互联网金融业务的过程中，不能单纯地依赖网络平台，仍然要建立前、中、后台相分离，线上线下一体化的风险管理体系和管理构架。前台市场拓展部门负责客户的线下市场营销，互联网金融部门负责客户的线上营销和维护；中台业务审核部门负责客户的授信工作，以及具体信贷业务的审查审批；后台风险管理部门负责贷款发放后的现场和非现场跟踪、监测和风险处置。风险管理团队应包含设立政策制度、授信审批、贷后管理、内控稽核、法务这五项职能。相关业务人员应具备较高的职业素养及职业操守，保障团队中一定比例的人员具有 3 年以上的从业经验，形成差异化梯队，通过“老带新”的方式使得团队快速成长为一支有经验、有热情、有高度的成熟风险团队。

（二）建立有效的风险控制模型

对线上的小额融资业务，小贷公司应建立风险控制模型，实现线上小额业务的自动审批、自动放款、自动跟踪监督，同时辅之以线下风险管理的非现场远程监测和控制。风险控制模型的建设主要依靠大数据分析，通过分析借款人“画像”、行为特征、借款人资产及收入数据等，并引入外部征信机构信息作为有效识别、判断借款人还款能力的补充。通过引入第三方征信机构的信息，为小贷公司量身打造与其业务场景匹配度高的资信审核元素，形成客户筛选标准。

（三）建立线上线下全流程、立体化的跟踪监测分析体系

构建统一客户视图、统一风险管理框架、统一信息数据管理流程作为风险监测的基础，通过建立线上跟踪监测体系，实现对客户贷款资金用途、流向、还款及信用记录的实时监测，积累应用场景并适时完善风险控制模型、客户评级模型和授信模型。此外，还要聚焦目标客户群体，建立线上线下完善的行业、区域、客户、产品多维度的政策制度体系，建立完善的押品管理体系，定期跟踪、监测、分析客户，定期核查项目及押品的风险状况，发现风险因素，及时采取有效措施，实现对贷后风险的全流程管理。

第十一章
股权众筹风险与安全治理

01 股权众筹的风险

一、筹资项目欺诈风险

股权众筹实际上就是投资者与融资者之间签订的投资合同（属于无名合同），众筹平台作为第三方更多的是起居间作用。我国的股权众筹多采用“领投—跟投”的投资方式，由富有成熟投资经验的专业投资人作为领投人，普通投资人针对领投人所选中的项目跟进投资。该机制旨在通过专业的投资人把更多没有专业能力但有资金和投资意愿的人拉动起来。但这样一来，在政策与监管缺失的情形下，这种推荐引导的投资方式往往会试图抓住投资者的投资心理，容易增加领投人与融资人之间恶意串通、对跟投人进行合同欺诈的风险。如领投人与融资人之间存在某种利益关系，领投人带领众多跟投人向融资人提供融资，若该领投人名气很大或跟投的人数众多，便会产生“羊群效应”，造成许多投资人在不明投资风险的情形下盲目跟风，那么当融资人获取大量融资款后便存在极大的逃匿可能，或以投资失败等借口让跟投人尝下“苦果”。这种投资合同欺诈的风险往往是由领投人与跟投人之间、跟投人与融资人之间的信息不对称，以及融资人资金运作缺乏相应监督制约机制所造成的，加上“羊群效应”的作用，会使这种风险成倍地增加，很可能最终酿成惨重的后果。同时，对于单个投资者而言，存在因为小额的投资纠纷不得不走上民事甚至是刑事法庭的现象，纠纷解决的成本过高。

二、投资者审核的风险

投资者审核机制不完善对投资者、初创企业和平台都可能带来风险。“天使汇”属于国内规模较大的平台，虽没有立法上的控制，但都有自己内部的投资者审核标准，对于未提供任何证明的投资者不允许其查看筹资方的项目信息，更不允许其进行投资。天使汇要求投资人提供其所在公司、职位和个人简介，过往投资案例的项目名称、网站地址和简介，最小和最大的投资金额以及身份验证信息来认证合格投资人。在平台认证成功之前投资人不能查看除了非常简短的项目介绍以外的任何资料，也不能进行快速合投。“天使汇”的认证要求，一定程度上保证了投资人拥有相当程度的风险判断能力和风险承担能力。但这种审核标准并未量化，是否通过资格审核受人为因素影响颇大，存在一定风险。

“天使汇”的投资者审核要求较为严格，对投资者的资质有一定程度上的要求，而“大家投”更接近“众筹”对公众的定位，也因此不能保证投资者拥有相当程度的风险判断力和风险承担能力。这里要对投资者审核的目的进行评价，笔者认为，投资者审核可能造成以下三类风险。

首先，不完善的投资者审核可能给投资者本身带来风险。这一点可以从有关非法集资的法律规定的目的中看出。根据中国人民银行颁布的《关于取缔非法金融机构和非法金融业务活动中有关问题的通知》中的规定，“非法集资是指单位或者个人未依照法定程序经有关部门批准，以发行股票、债券、彩票、投资基金证券或其他债权凭证的方式向社会公众筹集资金，并承诺在一定期限内以货币、实物及其他方式向出资人还本付息或给予回报的行为”。非法集资最大的特点在于向社会公众筹集资金。社会公众覆盖面广，这其中既包含有一定领域投资知识、经验和能力的个体和组织，更多的是没有任何金融风险意识和判断能力的个体，因此，我国法律规定只有拥有雄厚资本和公信力的上市公司才有公开募股的能力。股权众筹平台的服务对象主要是处于种子期的初创企业，对这些企业的投资风险更强于处于其他阶段的企业，为了保护投资者的利益，必须对其资质进行审核。

其次，不完善的投资者审核也可能给初创企业带来风险，如果允许任何人查阅初创企业的项目创意和构想、商业企划书和运营概况，就更有可能造成商业秘密的泄露，特别是影响了对作为初创企业发展资本的创意保护，从而变相地将初创企业扼杀于摇篮之中。因此，为了保护初创企业的利益，应当对投资者进行资质的审核。

最后，不完善的投资者审核还有可能给股权众筹平台带来风险。只有完善的资质审核，才能使经验丰富的投资人和创业者不会因为担心信息的泄露而望而却步。

三、资金流风险

资金流的风险一方面由众筹平台产生，另一方面也可能由项目发起人产生。股权众筹实际上是筹资人、投资人与股权众筹平台三方参与的过程，因此，相较于简单的双方交易，其资金的流动与管理通常存在更大的风险。由于股权筹资的过程一般是一个需要特定时间予以完成的过程，因此，资金往往需要在指定的“地点”进行汇集，达到一定数额后便进行预期的流转，相较于大多数 P2P 点对点式的资金流转而言，股权筹资过程中形成“资金池”的可能性是比较高的。同时，目前尚缺乏有效的约束机制防范股权众筹平台在筹资过程中对已筹集资金的不当管理与使用，这都给投资者的投资资金带来极大的隐患。

目前的众筹模式中，项目发起人的介绍中会包含项目的未来设计、回报的设定等内容，但一般都不会包括资金使用情况计划。即便有的项目在介绍时承诺了一定的使用渠道，项目在众筹网站上筹资成功后，众筹网站就会将资金支付到项目发起人的账户中。而支付一旦完成，资金的使用权就由发起人掌握，具体使用情况只能依靠发起人主动披露。如若项目发起人既没有承诺公开资金使用状况，又没有后续的行动，那么出资人和众筹平台对其资金使用情况就一无所知，缺乏持续的监督。

四、超募风险

在股权众筹过程中，筹资者通常会给定一个具体的项目预期筹资额，一旦项目在实际筹资过程中达到一个额度，项目便筹资成功，即可获得相应的资金开始进行项目运作。然而也存在一些股权众筹平台，如“天使汇”，允许项目实际的筹资总额高出筹资者事先的项目预期筹资额，直到筹资期限届满后再将实际的筹资总额交付给筹资人以进行项目建设。“天使汇”对单个投资人的投资金额未设定门槛，并允许超额募资；而“大家投”不允许超额募资。超募资金的处理方式和股权稀释是造成超额募资风险的主要原因。是否接受超募资金？超募资金如何退还？如何在企业管理中处理超募资金？如果未对超募资金的处理作规定，容易产生企业挪用超募资金的可能，投资人对企业的权利也无法保证。

股权众筹的超募资金尽可能多地吸收民间资本，让实力较弱的投资人同样参与到众筹之中。但对于实力较弱的投资人，他们可能不清楚的是，他们在初创企业投资的股权可能很快会在之后连续两轮的融资中被稀释。他们所拥有的股东利益将大大减少。

如果跟投人为了初创企业的高回报率而与创业者和领投人签订协议，由领投人或某一投资人代持超额募资的跟投人的股权，则可能产生隐名股东的股权归属、股权代持等法律风险。并且，超额募资并不一定能得到创业者和领投人的同意，跟投人存在被踢出投资人范围的可能，比如“大家投”允许跟投人对一个项目跟投后，创业者有权拒绝跟投人的认投，跟投人因而会承担一定的时间成本。

超额募资这一对目标筹资额放松的做法，一定程度上会增加投资的风险及筹资的不可预期性，一方面，可能会涉及更为广泛的投资者群体，减弱对投资者人数及投资金额的控制力，进而对市场的影响力由之前的可预期变为相对的不确定；另一方面，加大了监督管理的难度，增加了监管的成本。对目标筹资额这一上限的突破，侧重于市场机制的作用，但并没有把金融市场投资的“羊群效益”及市场缺陷充分考虑在内，极容易导致股权筹资成为“脱缰野马”肆意横行，也对股权众筹的监督管理提出了更高的要求。

五、募资期限的风险

不同的股权众筹平台往往对项目募集期限的规定是不同的。如我国的“天使汇”“大家投”平台会设定项目筹资的期限，以督促项目在限定的时间内完成筹资，否则便撤销项目，将已筹集的资金返还给相应的投资人；而美国的AngelList、Kickstarter等众筹平台一般不设定筹资期限，给筹资人以充足的筹资时间，也可以为投资人提供一些时间跨度较长的项目作参考①。

笔者认为，设定特定的募资期限在一定程度上能够降低投资者的投资风险，使得那些富含创新力并能迎合市场需求的项目脱颖而出，使得那些推广应用价值不高并不被投资者看好的项目被淘汰退出，能够鼓励筹资人提高项目的质量，实现优质项目资源的不断更新。同时，规定相应的筹资期限，也能够极大地降低筹资者与投资者的时间成本，提高实现交易的效率。

---

① AngelList网站More栏目，https：//angel. co/，2014年5月27日。

六、入资方式的风险

我国《证券法》第十条中规定未经核准的单位或个人向特定对象发行证券不得超过200人。为了规避法律条文中的这一人数限制，一些股权众筹平台如“大家投”便采取有限合伙企业的形式参与股权筹资的活动。平台一般会对领投人和跟投人依据目标筹资额设定不同的投资最低限额，如“大家投”规定领投人的项目投资额不得低于5万元，跟投人不得低于3万元，这一限制能保证项目投资的人数最多可以控制在40~50人，不会突破合伙企业的人数限制。投资人数确定后，再由平台以投资人的名义办理成立有限合伙企业，最后以有限合伙企业的名义加入项目的投资中，成为项目的股东①。这一做法能够有效地规避法律法规中的人数限制，防止触及“非法集资”或违法犯罪的“红线”，但其会造成领投人与跟投人信息上的不对称，最终影响跟投人的利益。同时，这一入资方式在实践中的操作环节过于复杂，据笔者了解，在平台代为注册办理有限合伙企业的过程中，平台要求外地的投资者将身份证原件邮寄给平台，仅就这一环节便给投资者带来极大的不便与风险，使这一入资方式不仅要面临领投人与跟投人利益平衡的问题，更要经受实践中的考验，这一过程中存在的风险是不容忽视的。

七、知识产权风险

在当前我国的制度背景下，知识产权相关法律法规缺乏对创新性众筹方面的规定，这导致项目发起人存在知识产权被侵犯、创意被剽窃的风险。

---

① “大家投”网站“业务规则”“业务流程”栏目，http://www.dajiatou.com/，2014年5月27日。

当前众筹项目主要是集中在文化创意和科技领域，而这一领域内的知识产权保护问题也是最为突出的。

一方面，众筹项目的大多数是创意类项目，有的项目产品已经面世，有的可能还只是半成品，经过长期的展示，由于众筹网站的公开性和面向对象的不特定性，众筹网站上展示的项目在筹资过程中，创意被他人窃取的可能性非常大。在这个创新匮乏的现实环境中，偶尔出现的创新极易成为各商家瞄准的目标。因此，各个众筹网站都会建议项目发起人在网站上展示项目时，尽可能避免将关键信息披露出来，然而这并不能排除项目创意被剽窃的可能。

另一方面，有的众筹项目是建立在剽窃他人创意的基础上完成的。抄袭他人创意而发起众筹后，如果被抄袭者发起知识产权诉讼，项目发起人可能会承担停止侵害和其他赔偿责任，出资人的出资也就失去回报的可能性。那么筹资人是否负有将所筹资金剩余按比例返还出资人的义务？众筹平台在审核项目时是否负有责任？这些尚未明确的问题都使得创意者的知识产权保护难以实现。

八、众筹平台权利义务模糊产生的风险

一般来说，股权众筹平台的作用在于发现投资者与融资者的需求并对其进行合理的匹配，提供服务以促成交易并提取相应的费用作为盈利，属于一般的居间合同。但具体来说，它又不完全属于居间合同。从股权众筹平台与投融资双方的服务协议中可以看出，股权众筹平台除了居间功能之外还附有管理监督交易的职能，如“天使汇”服务协议第 4 条规定：若用户有违反协议或法律的行为，则众筹平台有权采取包括但不限于中断其账号、删除地址、目录或关闭服务器等行为。同时，笔者认为股权众筹平台要求投融资双

方订立的格式合同所规定的权利义务也存在不对等。因此，目前股权众筹平台与用户之间的关系需进一步理清，并在双方之间设定合理的权利义务关系，为今后可能出现的法律纠纷的解决提供可靠的依据，这也是对用户合法权益进行保护、维护服务双方平等性地位的必然要求。

九、法律风险

股权众筹的发展冲击了传统的“公募”与“私募”界限的划分，使得传统的线下筹资活动转换为线上，单纯的线下私募也会转变为“网络私募”，从而涉足传统“公募”的领域。在互联网金融发展的时代背景下，“公募”与“私募”的界限逐渐模糊化，使得股权众筹的发展也开始触及法律的红线。

要判断该行为是否违反《证券法》则取决于其是否是公开发行。股权众筹需要对其运作模式进行严格的管控或采取特殊方式才能规避《证券法》的限制，而这种规避方式从法律解释的角度来看往往又是不可靠的，毕竟要打好“擦边球”可是个高难度的技术活，也伴随着较高的法律风险。

2010 年 12 月出台的《最高人民法院关于审理非法集资刑事案件具体应用法律若干问题的解释》第六条规定：“未经国家有关主管部门批准，向社会不特定对象发行、以转让股权等方式变相发行股票或者公司、企业债券，或者向特定对象发行、变相发行股票或者公司、企业债券累计超过 200 人的，应当认定为擅自发行股票、公司、企业债券罪。”其构罪的客观方面是未经批准、变相发行或超过人数限制，其中“向社会不特定对象发行、以转让股权等方式变相发行股票”的可解释空间较大，股权众筹的融资方式按照一定的解释方法很有可能便会被囊括其中，面临着刑事制裁的风险。倘若真的走入“禁区”，按照我国“先刑事后民事”的诉讼程序，投资人的合法财产利益便会受到极大的威胁，甚至可能血本无归。

02 股权众筹行业发展现状及问题

一、股权众筹行业发展现状

当前，物联网、云计算、大数据、社交网络等信息科技的发展与普及，使人们的生产、生活方式发生了变化，也革新了人们的支付方式、信息处理和资源配置技术。随着互联网金融等理念的传播，相当一部分互联网用户，通过股权众筹平台，能够快速转化成潜在投资者。股权众筹，是通过互联网平台，向数量众多的投资者销售股权或其他类似权益的融资方式。由创业者透过股权众筹平台发布项目，提出募集资金的邀约，投资者根据线上资料，线下路演等信息综合判断，做出投资决策。众筹的核心思想体现在“众”，股权众筹平台依附于互联网，其所能触及的用户不受地域限制，可以在短时间内聚集数量庞大的参与者；而每位投资者的投资额度可以很低，有利于用分散的方式降低融资风险。通常所言的互联网股权众筹，分为公募股权众筹和互联网非公开股权融资。公募股权众筹需要获得小额公开发行的豁免，因此目前更常见的是后者，其在模式上介于私募基金和公募股权众筹之间。

股权众筹平台往往要负责维护平台信息的安全，验证融资者所公布信息的真实性，向投资者揭示风险，保证投资者承受能力和所面临的风险相适合等。绝大多数的传统金融机构更倾向于服务大企业、大客户，小微初创企业则面临着融资难、融资贵等问题。互联网股权众筹正是由此应运而生，同国家“双创”“四众”的政策号召相呼应，致力于服务成长中的初创企业，有效弥补小额信贷和专业投资者之间的空隙。

股权众筹，是一项金融制度创新，具有如下特性。首先，其是直接融资，参与者直接将自有资金投给项目方，平台只是信息中介，撮合交易。股权众筹的发展能够缓解传统金融，过多资金停留在虚拟经济，忙于“空转”，导致金融效率低下的现状，提升金融服务实体经济的能力。其次，相较于互联网金融的另一领域 P2P 网贷中“刚性兑付”泛滥，股权众筹中的投资者遵循“买者自负”的原则。在网贷行业中，刚性兑付、担保的无序滥用，导致风险聚集，同时削弱投资者主动判断风险的动力，阻碍行业长远发展。股权众筹则是打破“刚兑”的行业模式。再次，股权众筹的融资门槛较低。成熟的证券市场进入门槛较高，一方面对投资者的风险识别和风险承受提出了严格的要求，另一方面，对企业的规模、经营状况也有审查筛选。而参与股权众筹则简单得多，使融资者在创业初期就获得融资，也为更多普通投资者提供了投资盈利的机会。最后，股权众筹和传统的融资方式不同，透过股权众筹，融资者得到的不仅仅是资本，通过股权众筹平台在互联网等媒介发布的项目信息，还能笼络人气、客户，在一定程度上进行宣传，寻找志同道合的合作伙伴，聚集人才智力。

二、当前股权众筹行业存在的问题

第一，平台不能有效督促融资者真实、全面的向投资者公开相应信息，阻碍投资者进行准确的判断，阻碍市场功能的发挥。一般情况下，每一个单个的投资者相较于融资方和平台在信息获取方面处于弱势地位。而融资方，完全有可能对经营的真实情况歪曲隐瞒。对于金融来说，信息的自由流通和真实有效是发挥市场机制，根据信用风险对资本进行准确定价的基础。信息的不对称则是道德风险与逆向选择滋生的温床。互联网金融发展的基础，正是其依赖大数据等信息技术相对于传统金融能够更有效地获取信息、处理信息，准确把握信用风险与信息间的逻辑关系。诚然，股权众筹平台不同于传统金融机构，对于项目的运作，更倾向于通过“薄利多销”的方式进行，不可能像传统金融机构一样在线下进行细致入微的调研。但通过对以往的交易资料等信息进行大数据分析，对项目方进行分析评级，并向投资者提供平台自身能收集到的信息仍是必要的。平台不能为了冲业绩吸引投资，而以自身名义盲目对项目方提供的信息做出保证、承诺负责。

第二，平台对投资者的风险揭示不充分，对投资者风险识别、承受能力的审查不全面，导致不合格的投资者参与项目，暴露在超出其承受能力的风险之中。目前绝大多数平台通过向金融消费者在线提供风险揭示书并点击确认的方式，由消费者自行来判断自身的财力和风险识别能力是否适合投资。过程简单，难以引起不同年龄段、不同教育水平的网民的充分重视和理解，使金融消费者的适当性验证流于形式。而目前对于平台在此方面所要承担的责任缺少明确的规定，也导致平台行事懈怠。

第三，消费者个人隐私和信息系统安全面临挑战。一方面，股权众筹作为互联网金融的业态之一，离不开可靠稳健的互联网信息设备系统。而部分平台急于求成，将大部分资金用于广告、引入大项目等面子工程，而拖延信息系统安全建设等不明显的工作，导致平台遭遇木马黑客等攻击，造成重大损失。另一方面，平台为了进一步完善服务质量，提升运营效率，自然会收集客户的信息，以进行大数据分析。然而，在收集信息的过程中，应征得许可；在储存使用中，应做到能保密、避免泄露；当客户终止合作，注销账户，应对信息进行销毁。并且，在搜索科技发达的今天，对数据的脱敏处理，也应把握好尺度，避免被不法分子通过“人肉搜索”得以还原，联系到现实中的特定个体。

第四，明股实债问题。目前有很多明股实债的问题。明股实债在股权众筹领域得到了广泛应用，但因其暗含了金融和法律风险，也成为股权众筹领域专项整治的重点对象。明股实债的基本交易结构是，通过入股项目公司，约定固定的收益率或股息率，期满时由相关主体通过对入股股权进行回购、提供差额补足、向目标企业提供流动性支持、受让资管产品的受益权份额等方式，达到与信贷担保人提供保证担保相同的效果，以确保在一定期限内实现投资的顺利退出。明股实债是一种创新型的投资方式，其本质上具有刚性兑付的保本约定。但是，明股实债的广泛应用并不有利于股权众筹行业的发展。明股实债的模式表面是股权，实则是一种债权，作为投资的两种产品，债权的收益风险比股权低，因此更受投资人喜爱。从而当明股实债的模式被广泛使用时，会在平台上积聚大量的投资人，这无疑会加大平台方的兑付责任。如果平台方因自身原因无法承担责任，则会发生兑付风险。反过来对于投资人来说，其收益将无法保障。

第五，项目欺诈风险。项目欺诈问题因项目方、股权众筹平台方、领投人、投资人彼此之间的信息不对称造成，故而自股权众筹平台伊始便被讨论不止，成为重点规制的对象。项目欺诈导致投资人无法充分地了解项目真实背景以及融资方全面的资料，导致其在做投资决策时，做出错误的、不合理的行为，从而加大投资人的风险，损害其利益。解决项目欺诈问题的核心是缓解信息不对称问题对股权众筹项目中多方利益的不利影响。完善信息披露制度、建立健全的信用机制是能够解决项目欺诈问题的两大法宝。发行人及其信息披露义务人应当及时履行信息披露义务，依法披露的信息，必须真实、准确、完整，不得有虚假记载、误导性陈述或者重大遗漏。作为众筹中介机构，应制定完善、及时的信息披露制度。健全的信用机制对于行业发展不可少。具体包括加强众筹平台的信用审核，建立融资者、众筹平台及其从业人员从事众筹融资活动的资料库和诚信档案等。

03 股权众筹风险与安全治理机制

股权众筹无论从单个项目的筹资规模看还是从回报形式看，对投资人与创业者都极富吸引力，对金融市场也具有显著的影响，因而成为一种新兴的融资模式，在一些国家迅速发展并取得合法地位。股权众筹在我国也方兴未艾，如“天使街”“天使汇”“大家投”等股权众筹平台逐步发展起来。基于中国的实践和监管需要，中国证券业协会公布了《私募股权众筹融资管理办法（试行）（征求意见稿）》（以下简称《征求意见稿》），对于行业中最为关键的问题，如股权众筹的性质、股权众筹平台的定义、合格投资人制度等做出详细规定，在经营方式、业务细则等方面则给予了从业者充分的创新空间。尽管《征求意见稿》最终并未出台，但该稿中的一些监管要求对研究如何加强股权众筹领域的风险与安全治理颇具借鉴意见。

一、股权众筹行业需要明确而有效的监管

股权众筹行业其实并不反对监管，相反一直在谋求监管。明确而有效的监管政策，将有利于消除行业发展的不确定性，指引行业健康可持续发展。

首先，股权众筹提供的金融服务和产品具有很强的公共性质，需要具有公共权力的机构进行有效监管。

其次，为了维护公众信心，也必须对股权众筹进行监管。政府的有效监管可以在一定程度上减少信息不对称，遏制道德风险和逆向选择，同时消除

监管层面的不确定性，提升参与者信心。

最后，从防范风险的角度，也必须对股权众筹进行监管。股权众筹属于高风险行业，多人参与的特点又使得其风险具有一定的传染性，因此必须借助于政府或政府授权的机构来防范和化解风险。

二、股权众筹监管建议

在现行的法律背景和市场环境下，监管者将股权众筹界定为私募，有其合理性，然而应当看到，股权众筹作为中小微企业融资的多种形式之一，其意义便在于有序吸纳社会上的剩余资本，通过比一般的天使投资增加更多的投资人和更便捷的投资交流渠道，在一定程度上分散单笔投资的风险，集中更多投资人的力量以使初创企业获得更多的融资。这种特点为股权众筹的公开发行进行小额豁免提供了可能。因此，相比其他一些国家对众筹相对成熟的监管规则，我国的《征求意见稿》仍需完善。针对中国式众筹的性质、特点和发展阶段，笔者提出如下修改建议。

（一）股权众筹平台方面

其一，修改尽职调查义务。建议在《征求意见稿》第八条平台职责中增加一项，明确股权众筹平台应当履行监管职责，对融资者进行尽职调查，进行事前信息审核与事后项目监督。

我国金融业面临的一个重要问题是金融消费者知识不足，因而对金融消费者保护和教育显得尤为重要。针对金融消费者保护，监管层在鼓励行业创新和自由竞争的同时，应该制定规范督促平台提高自身的专业能力，要求平台尽到监管职责，对被投资项目做好尽职调查，对投资者的适当性进行审核，做好资金的独立托管，确保投资者的资金运用到承诺的事项中去。

在股权众筹融资中，投资人与被投资人之间的信息不对称一方面得到弱化，供给者与需求者之间的资本配置的地域及行业非均衡状况得到改善；另一方面，信息不对称也得到强化，需求者对企业资本运营状况、信用状况、产品状况等主要通过数字化信息加以辨析而无法直接感知，从而可能做出错误决策而降低资源配置效率，信息不对称最终导致的结果是逆向选择和道德风险。平台进行尽职调查有利于降低信息不对称，促进行业健康可持续发展。

目前，不少众筹平台从提高自身信誉和防范风险角度考虑，已经在项目融资中主动进行了尽职调查。这是一个良性发展趋势，应该得到巩固和发展。笔者建议在正式管理办法中明确尽职调查义务，细化相应标准，制定更具操作性的规范。

其二，增加破产应对措施。建议明确：众筹平台必须与一个有资格从事交易的服务商签署协议，众筹平台破产或终止服务时，由后者负责完成正在进行中的项目，项目完成后才能结束服务。上述建议借鉴了法国《参与性融资法令》的相关规定，要求众筹平台制定自身的市场退出方案，这对股权众筹行业的健康可持续发展意义重大。股权众筹本身就是一个新生事物，无论是投资者还是融资者都对其认知有限，制定市场退出机制，有利于提高股权众筹参与者的信任度，也能避免平台的突然破产或终止服务对投资者和融资者造成损害，甚至引起市场恐慌性情绪。

（二）投资者方面

其一，完善投资者适当性问题。《征求意见稿》第十四条对投资者范围规定：私募股权众筹的投资者是指符合下列条件之一的单位或个人：（一）《私募投资基金监督管理暂行办法》规定的合格投资者；（二）投资单个融资项目的最低金额不低于100万元人民币的单位或个人；（三）社会保障基金、企业年金等养老基金，慈善基金等社会公益基金，以及依法设立并在中国证券投资基金业协会备案的投资计划；（四）净资产不低于1000万元人民币的单位；（五）金融资产不低于300万元人民币或最近三年个人年均收入不低于50万元人民币的个人。上述个人除能提供相关财产、收入证明外，还应当能辨识、判断和承担相应投资风险。

建议修改为：私募股权众筹融资的投资者是指符合下列条件之一的单位或个人：（一）个人投资者年收入12万元以下的，投资金额不得超过年收入的10%；（二）个人投资者年收入12万元至50万元的，投资金额不得超过年收入的15%；（三）个人投资者年收入50万元以上的，投资金额不得超过年收入的20%；（四）符合前述规定的个人，若上一年度投资净收益为正，则该年度投资金额占年收入的比例可向上浮动3%～5%；若上一年度投资净收益为负，则该年度投资金额占年收入的比例需下调至少5%。（五）净资产不低于1000万元人民币的单位；（六）社会保障基金、企业年金等养老基金，慈善基金等社会公益基金，以及依法设立并在中国证券投资基金业协会备案的投资计划。上述个人除能提供相关财产、收入证明外，还应当能辨识、判断和承担相应投资风险。

投资者准入门槛是《征求意见稿》中争议最大的问题，笔者认为，尽管对投资者适当性作出规定是对金融消费者保护的通常做法，有利于防控市场风险，也有利于促进行业创新发展，但《征求意见稿》中对合格投资人标准设定过高，不符合股权众筹低门槛的特点。股权众筹的出现本身就是在私募、信托这种因为门槛过高而沦为“小圈子游戏”的融资方式之外，为中小企业和个人创业提供新的融资渠道，监管规则应使普通投资者都有机会为个人或中小企业投资，从而聚集闲散资金，合理调配民间富余资本，也为大众提供新的理财方式。因此，笔者建议应当在投资者适当性原则下细化投资者分级，根据一定的标准（如收入水平、交易记录等）对股权众筹投资者进行分类，并按照不同类别设定投资者的投资权限，达到控制投资者损失、稳定金融市场的目的。标准的设定既要考虑投资者的实际能力，又要考虑融资者的融资需求，标准不宜过严，否则会影响投资的空间和投融资双方的参与性，标准也不宜过宽，否则便会失去设定标准保护投资者的意义。

从投资者的实际能力而言，可建立以年收入或净资产为基础、以投资损益记录为附加的复合分类标准。前者体现投资者的风险承担能力，后者体现投资者的风险识别和控制能力。

在投资者方面，《征求意见稿》的亮点是将社会保障基金、企业年金等养老基金、慈善基金等社会公益基金认定为合格投资者，这在一定程度上为广大机构投资者主动投身众筹浪潮打开了一扇大门。相较于大部分的个人投资者，这些社会公益基金管理专业化、投资行为理性化和规范化，投资规模大、投资周期长，大多数情况下是非常优质的投资者。未来如果这些机构进入股权众筹投资行列，将是对整个股权众筹行业的肯定。

其二，设置“冷静期”制度。

建议规定：投资者在筹资期限届满之日起10日内可以无条件撤销投资，但应当在此期限内以有效方式通知众筹平台。由于信息的不对称性，可能存在投资者在投入资金时对融资项目的认识不足的情况。基于此，为实现对投资者的倾斜性保护，可以考虑设置“冷静期”制度。冷静期制度（Cooling-off Period Rule）起源于英国普通法，是指买方在缔结合同后的一定期限内，可以无条件撤销合同。该条规定设置的目的是，在消费者由于信息不对称而难以知晓产品完全信息的情况下，给消费者一次补救的机会。股权众筹作为专业性较强的投资行为，理应为消费者制定“冷静期”。[①]

其三，设立专业领投人制度。建议规定：股权众筹平台可以遴选具有一

① 马忠法：《论金融理财活动中实施“冷静期规则”的可行性》，《上海财经大学学报》，2010年第4期。

定股权投资经验和专业化能力的投资者，作为项目的投资人之一和全体投资人的代表，与被投资项目方进行接洽了解，进行尽职调查、谈判及投后管理等。

由于股权众筹属于具有高度专业性的投资活动，即使做好了平台专业能力建设，使平台提供了合格的审查和尽职调查服务，坚持了投资者适当性原则，也并不能完全覆盖风险。尤其是大多数投资者并没有相应的股权投资经历，缺乏对投资项目真实性和合法性的判断，期望由平台来承担所有关于项目合法性审查的责任，并不现实。

为了解决上述问题，目前不少行业领军的众筹平台在进行投资操作时引入了领投人制度。领投人的作用类似于私募股权基金中的一般合伙人（General Partner，简称 GP，指基金的管理人）和有限合伙人（Limited Partner，简称 LP，指出资者）的结合，即既是管理者又是出资人。

现有众筹平台对领投人的要求极其严苛，以“天使汇”对领投人的要求为例，在合格投资人要求（比《征求意见稿》标准更高）以外，还要求领投人具备下列条件：第一，在“天使汇”上活跃的投资人（半年内投资过项目、最近一个月约谈过项目）；第二，在某个领域有丰富的经验、独立的判断力、丰富的行业资源和影响力及很强的风险承受能力；第三，一年领投项目不超过 5 个，有充分的时间可以帮助项目成长；第四，至少有 1 个项目退出；第五，能够专业地协助项目完善 BP、确定估值、投资条款和融资额，协助项目路演，完成本轮跟投融资；第六，有很强的分享精神，乐意把自己领投的项目分享给其他投资人。在这样的条件下筛选出来的领投人拥有专业的投资经验和丰富的资源渠道，具备一定的道德素养和心理素质，可以较好地解决众筹投资人过于分散缺乏代表的问题和缺乏专业风险识别控制能力的问题。同时，引入领投人制度，也有利于众筹平台趋向中立化，毕竟在对初创企业的投资中，只要一切合法合规，很难说清楚投资方和融资方哪一边才是真正需要保护的弱者。

（三）融资者方面

其一，修改发行方式。《征求意见稿》第十二条发行方式及范围中规定：融资者不得公开或采用变相公开方式发行证券，不得向不特定对象发行证券。融资完成后，融资者或融资者发起设立的融资企业的股东人数累计不得超过200人。法律法规另有规定的，从其规定。

建议修改为：当单个投资者投资数额低于10万元、总融资额低于500万元时，融资者可以豁免《证券法》对公开发行证券的审核，采取公开方式发行证券或向不特定对象发行证券。法律法规另有规定的，从其规定。

通常情况下，选择股权众筹进行融资的中小微企业或发起人并不符合现行的公开发行核准的条件，因此，《征求意见稿》明确规定股权众筹应当采取非公开发行的私募发行方式。

私募发行方式针对现行并不成熟的市场有一定意义，但股权众筹的优势本就在于多人、小额，因此，笔者建议尝试建立证券发行小额豁免制度，对小额证券发行实施注册豁免、宽松监管。这里的“小额”既指项目总投资额较小、风险发生造成的影响较小，也指每个投资者的投资金额较小，承担的风险较小。

笔者认为，针对限制公开募集资金的数额和单个投资者投资额的股权众筹，只要信息披露和风险披露足够充分，可以考虑参考美国JOBS法案，设置“安全港”制度，适当简化证券监管机构对众筹融资的行政审批流程，降低对其公开发行的监管力度，从而适应股权众筹的特点，减少发行人众筹的融资成本，吸引更多适格投资者加入股权众筹。

我国私募股权众筹的设立有其特定的现实背景，《证券法》第十条规定，公开发行证券，必须经证监会等相关部门核准，公开发行包括向不特定对象发行证券，或者向特定对象发行证券累计超过200人等情形，该条并没有对公开发行规定有任何豁免情形。既然股权众筹不向证监会申请核准公开发行，那么就只能定性为私募，由此股权众筹就只能对投资者门槛和人数等设置更为严苛的限制。我们期望在《证券法》的修改中可以体现小额豁免的精神。

其二，增加融资者信息披露要求。建议增加规定：融资者应向众筹平台提供真实、准确的信息，确保融资计划真实、合法；发布真实的融资计划书，充分揭示投资风险，并披露募集资金不足或超额筹资时的处理办法以及其他重大信息；定期通过众筹平台向投资者如实披露企业的经营管理、财务、资金使用情况等关键信息，并及时披露影响或可能影响投资者权利的重大信息。

从本质上看，金融市场是一个信息市场，市场的运作过程就是信息处理的过程，正是信息在指引着社会资金流向各个实体部门，从而实现金融市场的资源配置功能。提高市场效率的关键是提高信息的真实性、准确性和完整性。

同时，融资者出于对企业本身的利益考虑也应该提高公司信息披露的质量。一方面，融资者的信息披露，从某种意义上来看，也是一种能标识融资者质量好坏的鉴证类信息；另一方面，融资者披露信息越准确，其融资成本就越低。信息披露对于融资者来说，是一件极为重要的事情，必须严谨、认真、细心对待，以维护融资者的整体利益及全体股东的合法权益。

总体来看，股权众筹适应了我国经济金融发展的需要，应当得到大力发展。笔者认为，只有对证券公开发行条款做出适当修改，实施股权众筹小额发行豁免，同时增加有关投资者、融资者、众筹平台的制度规定，明确其权利义务，并在放低准入门槛的基础上加强监管，才能实现股权众筹的良性发展。

04 股权众筹风险专项整治解读

一、股权众筹行业"红线"

结合《关于促进互联网金融健康发展的指导意见》和《股权众筹风险专项整治工作实施方案》来看，股权众筹行业的红线禁区主要包括：

第一，严禁擅自公开发行股票。向不特定对象发行股票或向特定对象发行股票后股东累计超过200人的，为公开发行，应依法报证监会核准。未经核准擅自发行的，属于非法发行股票。

第二，严禁变相公开发行股票。向特定对象发行股票后股东累计不超过200人的，为非公开发行。非公开发行股票及其股权转让，不得采用广告、公告、广播、电话、传真、信函、推介会、说明会、网络、短信、公开劝诱等公开方式或变相公开方式向社会公众发行，不得通过手机APP、微信公众号、QQ群和微信群等方式进行宣传推介。严禁任何公司股东自行或委托他人以公开方式向社会公众转让股票，向特定对象转让股票，未依法报证监会核准的，股票转让后公司股东累计不得超过200人。

第三，严禁非法开展私募基金管理业务。根据证券投资基金法、私募投资基金法监督管理暂行办法等有关规定，私募基金管理人不得向合格投资者以外的单位和个人募集资金，不得变相乱集资，不得向不特定对象宣传推介，不得通过分拆、分期与资产管理计划嵌套等方式变相增加投资者数量，合格投资者累计不得超过200人，合格投资者的标准应当符合私募投资基金监督管理暂行办法的规定。

第四，严禁非法经营证券业务。股票承销、经纪、证券投资咨询等证券业务由证监会依法批准设立的证券机构经营，未经证监会批准，其他任何机构和个人不得经营证券业务，不得向投资人提供购买建议。

第五，严禁对金融产品和业务进行虚假违法广告宣传。平台及融资者发布的信息应当真实准确，不得违反相关法律法规规定，不得虚构项目误导或欺诈投资者，不得进行虚假陈述和误导性宣传。

第六，严禁挪用或占用投资者资金。平台应严格落实客户资金第三方存管制度，平台及其工作人员，不得利用职务上的便利，将投资者资金非法占为己有，或挪用归个人使用，借贷给他人、进行营利或非法活动。

第七，股权众筹平台未经批准不得从事资产管理、债权或股权转让、高风险证券市场配资等金融业务。

第八，房地产开发企业、中介和互联网金融从业机构等未取得相关金融资质，不得利用股权众筹平台从事房地产金融业务。规范互联网“众筹买房”等行为，严禁开展“首付贷”性质的业务。房地产目前确实有大量的游资和“炒房团”，可能也有一些地下资金借助房产众筹来炒作房产。这对长期的房市和房地产调控来说也是一种风险，可能加剧房地产泡沫。应当吸取股灾教训，打击违法行为。当然，房地产上涨有很多复杂因素，但至少可以降低暗流资金对房地产市场的不当影响。

第九，未经相关部门批准，不得将私募发行的多类金融产品通过打包、拆分等形式向公众销售。采取“穿透式”监管方法，根据业务本质属性执行相应的监管规定。销售金融产品应严格执行投资者适当性制度标准，披露信息和提示风险，不得将产品销售给予风险承受能力不相匹配的客户。

第十，持牌金融机构不得与未取得相应业务资质的互联网金融从业机构开展合作，持牌金融机构与互联网企业合作开展业务不得违反相关法律法规规定，不得通过互联网跨界开展金融活动进行监管套利。

二、《实施方案》指导下的股权众筹监管路径

《互联网金融风险专项整治工作实施方案》提出了新的监管理念——“穿透式”监管。目前互联网金融快速发展，金融创新产品频繁更迭，导致实际的产品、经营模式与已有法律法规脱节，成为监管套利的工具、风险的导火索。作为回应，《实施方案》的一大亮点是推出了“穿透式”监管。相比以往“牌照式”的监管方式，“穿透式”监管方法，根据业务实质，明确责任，认定业务属性和应执行的相应行为规则与监管规定，但也相应地提升了监管机构的自由裁量空间和认定难度。监管对象的鉴别，实质重于形式，不论传统金融机构还是互联网企业，只要实质上做了金融业务，政策、规则、标准就应一致，以实现保障新老金融业态间的公平竞争，避免监管套利和风险漏洞的形成。

综合分析“穿透式”监管精神，可采取如下进路和措施。

第一，信息工具的进路。金融的交易是信用的交易，其核心是金钱的时间价值。在市场中，信用的风险主要是由于交易主体的信息不对称而产生的道德风险和逆向选择。因而，只有强化对于信息披露的规则设立和监管，完善信息的传播流通机制，充分利用云计算、互联网通信、大数据等，从制度上和技术上缓解交易主体间的信息对称，提升信息供给，降低信息获取成本，为缔造公开、透明的股权众筹市场价格形成机制提供条件。

第二，金融消费者权益保护的进路。保障金融消费者的合法权益，并不仅仅是为了服务金融消费者，也是为了互联网金融行业的持续健康发展。通过审慎监管与行为监管相结合，建立金融消费者权益保护监管、保障机制，

规范金融机构行为。互联网金融从业者，应本着平等自愿、诚实守信等原则，尊重并保障金融消费者的财产安全权、知情权、自主选择权、公平交易权、依法求偿权等权利，并建立同互联网金融相适应的便捷高效的纠纷解决机制。只有消费者的权益得到充分保护和尊重，才能保障市场机制的正常运行，保障公正的价格形成机制，保障良好的市场竞争秩序，最终通过消费者的自由判断与选择，通过优胜劣汰的市场机制，实现行业的健康可持续发展。

第三，利用大数据技术建立行业信用库。股权众筹的内在逻辑是对信息的利用，所以在股权众筹当中，包括在其他互联网金融平台当中，必须借助信息机制，才能够更好地实现价格机制，从而促成互联网金融产品的交易，包括股权众筹项目的每一笔交易。信用风险是金融的政策要素，金融产品是风险的载体，在资本的供给者和需求者之间进行通配通行，所以信息不对称问题会直接干扰价格形成机制。大数据技术能够提高信息的透明度，使得信息不对称引发的问题得以缓解。大数据价值在于信息的收集、分布和分析，可以协助互联网金融企业加强对客户的了解，提升企业运作效率、稳定性。

第四，对风险逻辑的理解和适应。要实现对股权众筹行业的有效规制，促进行业的健康发展，离不开对其风险逻辑的理解和适应。风险防范是金融监管的核心，根据《证券法》和《公司法》的规定，如果以组成有限公司方式持股，则发行对象不能超过200人，如果以组成有限合伙企业方式，则不能超过50人。《证券法》的核心是信用风险的规制，其规制逻辑是如果将发行对象控制在一定数量以内，或特定对象范围内，则风险是可控的。就私募来说，熟人社会中人与人之间的各种不成文的规矩也在一定程度上缓和了风险。然而，在互联网金融时代，股权众筹有其独特的风险规制逻辑：参与者越多，越能有效地分摊损失，每个参与者所面对的风险就越小，这是对传统逻辑的颠覆。相较于传统金融机构，互联网金融平台，通过电子合同等方式，能够更高效、低成本地进行注册登记。使用等额的金融资产，互联网金融投资者能够以更小的单笔投资者身份，进行更多元分散的投资，以此获得更稳健的回报收益。从另一个角度，私募中对于公开推介宣传的禁止，也会阻碍项目获得足够的投资者，降低融资效率。因此，可以参照国外立法经验，结合互联网股权众筹的情况设立公开宣传安全港，适当放宽投资者数量限制。

以这四种路径的结合为核心理念，完善市场准入和退出机制，构建风险预警体系，促进行业协会和自律组织建设，强化消费者教育，推动股权众筹行业健康可持续地发展，为我国经济发展注入新的动力。

三、对误解的澄清

（一）整治实施方案对整治活动进行总体部署的规范性文件

有人对整治方案的可操作性产生质疑。《股权众筹风险专项整治工作实施方案》全文不过三千余字，很多规定十分抽象，如如何界定“虚假宣传”等。这种误解主要来自于对整治实施方案性质的错误认识。整治实施方案不是法律法规、部门规章，更不是对互联网金融进行整治的唯一依据，整治实施方案更多是一个对整治活动进行总体部署的规范性文件，而证券规制有一个包含经济法、行政法、刑法等部门法在内的很完整的法律法规体系，针对股权众筹，国务院、证监会等也早有一系列的规定，这些都是实际整治工作必须依据的。

对整治方案具体条文的理解也必须遵守相关法律法规的规定。如对于“平台通过虚构或夸大平台实力、融资项目信息和回报等方法，进行虚假宣传，误导投资者”中“虚假宣传”的具体理解，就必须参考广告法、反不正当竞争法、证券法等法律法规和相关基本法理，不能任意进行解释。

（二）整治实施方案意在保护投资者并创造鼓励创新的优质环境

有人认为整治活动意在压制创新，实际上恰恰相反，整治目的在于创造优质环境，更好地鼓励创新。其实《股权众筹风险专项整治工作实施方案》已经明确了“边整治、边研究、边总结、边完善”的总体思路，“通过专项整治工作着力解决目前互联网股权融资领域面临的突出问题，建章立制，弥补立法空白”。从中可以看出，国家实施整治工作最本质的目的还是创造良币驱逐劣币的优质创新环境。

政府之所以一开始没有对互联网金融创新采取过于严厉的事前监管，主要是考虑到当前包括 Fintech、数字货币、区块链在内的互联网创新、金融创新在人类历史上几百年难得一遇。中国经济目前的体量太大，互联网金融创新有较大的规模，极少部分犯罪分子和违法行为混杂其中是很正常的。

互联网金融创新作为供给侧结构性改革的重要方面，政府没有采取盲目打压的方针，而是为了更好地科学合理地保护创新、规范创新，给创新一定的过渡时期，让子弹飞了几年。当政府摸清了实际情况，发现了风险隐患，就当机立断采取了措施打击违法犯罪，遏制了互联网金融乱象，排除了没有能力、缺乏资格的怀有不良目的的参与者，让真正的互联网金融创新得以健康有序发展。

虽然目前没有合法运行的真正的股权众筹活动，但其实股权众筹整治方案中也为股权众筹创新留下了空间，方案强调：“对股权众筹融资试点，证监会会同有关部门继续做好试点各项准备工作，根据国务院统一部署，适时发布股权众筹融资试点监管规则，启动试点。”对于互联网非公开股权融资则强调：“对互联网非公开股权融资，结合其业务特点和规范引导的客观要求，证监会会同有关部门研究制定并择机出台指导意见，划清监管边界，明确政策底线。”这些都明确了继续鼓励互联网股权融资（股权众筹和互联网非公开股权融资等）创新，规范其健康发展的政策基调。

股权众筹触及“大众创业、万众创新”的核心问题，让创业创新有了更广的群众基础和参与范围。而股权众筹融资试点工作，无疑将为股权众筹在全国范围内的铺开先行开路，产生强大的示范效应。因此，股权众筹试点不应该限于少数的几家企业，可以进一步挑选有实力、有经验、社会评价较高的企业入围进行试点。

同时，除了允许现有有实力的互联网金融企业开展外，笔者也建议在有条件的地区设立试点。笔者承担了中关村管委会委托的《众筹行业发展研究报告》课题，中关村目前已经具备了作为股权众筹试点的能力。中关村科技园区是中国首个国家级自主创新示范区，国务院同意在中关村示范区实施股权激励、科技金融改革创新等试点工作，这些都为中关村开展股权众筹试点工作打下了坚实的基础。

贵阳正在建设中国西部科技金融和互联网金融创新城市，贵阳拥有全国领先的大数据金融和移动金融发展战略，贵阳也设立了全国首家众筹金融交易所，这些都使得贵阳占据了互联网金融尤其是股权众筹领先位置优势，因此，在贵阳开展股权众筹试点也是非常合适的。

四、结论

股权众筹对于创客和中小企业而言是一个切实可行的重要融资方式，是发展新经济、培育新动能的重要途径。基于此，必须切实改善法律制度供给，结合中国实际国情完善相关法律法规，尽早推动股权众筹试点工作，推动股权众筹行业良性健康发展，助力于大众创业、万众创新。

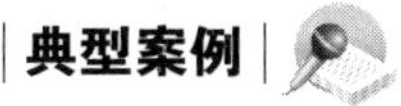

典型案例

36氪“宏力能源”欺诈事件

36氪平台“宏力能源”欺诈事件和之前沸沸扬扬的“e租宝”事件是不一样的。e租宝事件标的都是虚构的，而36氪所推出的在新三板上市的项目，宏力能源标的是真的，只不过宏力能源虚假陈述，将本来是亏损的业绩，说成是盈利的，本来小幅盈利说成大幅盈利，做了假账，对投资者进行了欺诈。

在相类似的领域，上市公司做假账，负责的会计师事务所，是脱不开干系、要承担责任的。理论上来说，在股权融资中，项目方对业绩进行吹嘘，隐瞒真实不利业绩，最终给投资者造成损失，平台是要负责任的，但最主要的责任还是在欺诈者一方，且受到利益驱使，欺诈是很难完全杜绝的。

远在业务发达、监管成熟的美国，也有安然公司、世界通信公司财务造假的例子。而在国内一个经典的案例是2013年，平安集团子公司平安证券保荐的万福生科公司，对其业绩进行了虚假陈述、虚假宣传，依然在平安证券的保荐下上市了。最后，平安证券受到证监会的处罚，三个月不能保荐，而平安证券，作为欺诈公司的保荐人，也拿出了3亿元，设立证券投资者保护基金，以补偿受到误导的投资者的损失。36氪的负责人，在事件曝光以后，也承认平台负有不可推卸的责任，表达了要做出类似补偿的意思。

尽管类似，但上市公司保荐和互联网非公开股权融资平台融资是有本质不同的。根据《证券法》第十一条的规定，保荐人对申请上市公司的信息，负有明确的审慎审查义务。而互联网众筹平台，从《关于促进互联网金融健康发展的指导意见》等文件来看是服务小微企业的金融中介。而在美国JOBS法案中，股权众筹平台被定义为Funding Portal，翻译为融资门户或集资中介，更强调的是其金融信息中介，勾连交易双方，提供交易平台的作用。分析互联网非公开股权融资平台，其对项目方信息真实性的责任，既不应完全没有，像交易所一样，也不应负责到底，像保荐人一样。而是在两者之间的某个位置，其责任义务应和其能力、经营形式、与从交易中获得的收益相适应、相平衡。

互联网非公开股权融资平台多多少少都对其平台上信息真实性和其尽职调查做了承诺，投资者、金融消费者对平台的期待与信赖是平台责任的一个重要来源。然而，国内的金融消费者往往存在不成熟的想法，不能理性看待一些金融现象，过分夸大、依赖平台的承诺。互联网非公开股权融资，作为一种线上的经营业态，线下的实地操作并不是强项，无法和传统的银行等金融机构相比。另外，其以小额、服务小微为特征，单笔的额度、收益都很少，薄利多销是其盈利思路。如此，要求互联网非公开股权融资平台对项目信息审核，做得和传统金融机构一样好，是不切实际的，甚至证监会发审委也不能保证申请上市公司信息的真实性，这也是注册制改革的一个原因。

因此，在36氪事件中，很多媒体报道对平台“一棒子打死”，过分攻伐，也是不公平的。诚然，项目方信息虚假，平台未能审核出来，是不应该的，但随着互联网非公开股权融资业的发展，行业规模逐步扩大，受到利益的驱使，总会有项目方做出虚假陈述的尝试，最终平台会有“打眼”的时候。36氪的事件，是情理之外、意料之中的，完全没有必要对事件本身反应过度。

至于36氪在本事件中应当承担的责任，可以参考万福生科事件中平安证券的责任承担，同时考虑到36氪作为信息中介平台的主要定位，应当承担相较于平安证券更少的责任。

万福生科虚假陈述事件的直接责任方为万福生科，平安证券作为万福生科上市的中介机构之一，虽未参与或协助其造假行为，但未能及时发现并遏止这一造假案件的发生，应当承担中介机构相应的责任。[①] 平安证券在责任承担上采用了“先偿后追”的模式，在设立基金先行补偿投资者损失之后，再向其他责任方追偿。

36氪在本事件处理中同样也可以采用“先偿后追”的模式，但鉴于其在本事件中的责任要大大小于传统保荐机构的责任，且作为互联网非公开股权融资行业责任承担的标杆性事件，应当同时明确欺诈方承担主要责任，平台承担信息中介不力的次要责任，投资者也应当明白风险自负的基本道理。因此，总体而言，36氪可以率先至多补偿投资者30%～50%的损失，再积极配合投资者向事件的其他承担方索取赔偿，并就自己向投资者支付的超出自身应承担责任份额的补偿金额，依法向其他责任方进行追偿，同时就自身该事件所受损失依法追究相关责任方的法律责任。

互联网非公开股权融资作为新型互联网金融的业态之一，仍处在其发展的初期阶段，走弯路是难免的。其致力于服务被以往金融业态所忽视的低净资产投资者和小微企业，是我国普惠金融，提高金融活性，打破金融抑制，实现“双创”的重要战略组成，我们应更多地以包容的态度看待其中的曲折。

对于36氪事件，真正应该得到关注、讨论和反思的是：互联网非公开股权融资平台的从业者，应该如何以本次事件为契机，总结经验教训，改进审核方式，提高审核质量，更好地保卫投资者利益，为投资者服务。笔者认为，在本次事件中，36氪负责人主动站出来，承认错误，勇于承担投资者损失，就是一个非常好的开始。

此外，本事件也证明了传统模式的尽职调查并非完全可靠，互联网金融必须积极借助新技术加强风险控制，防止欺诈。区块链技术是一个值得尝试

---

① 《平安证券有限责任公司关于设立万福生科虚假陈述事件投资者利益补偿专项基金的公告》问答，《证券时报》，2013年5月11日。

的方向。

区块链本质上是一个去中心化的分布式账本数据库，区块链本身其实是一串使用密码学相关联所产生的数据块，每一个新的数据块中包含之前交易的所有历史信息。区块链创造一个去中心化结构的账本，加入区块链节点的每一个众筹平台方都参与建设和维护这个账本，平台方的任何一笔交易经过单一节点的确认并同步到参与节点的其他众筹平台。这样可以保证众筹平台上交易记录一旦写入区块链就不能被篡改，历史交易信息可以被追踪，从而增加平台方的信息公信力和整个市场的透明度。

另外，区块链依据其分布式账本结构保证的数据不可篡改等特点天然地为包括P2P、众筹等互联网金融在线资产的交易信息提供证据保全的功能。再者，鉴于目前众筹行业发展的现状，区块链技术有望在不远的将来为众筹行业的两大痛点，即登记和退出，提供解决方案。

本事件中，宏力能源就是利用了交易过程的不透明和交易双方的信息不对称进行了欺诈，如果宏力能源过去发生的所有交易信息都能在区块链网络中向全网广播，宏力能源就不存在隐瞒真实情况加以欺诈的可能。

事实上，包括渣打银行在内的世界很多重要金融机构正在积极探索利用区块链技术消除金融欺诈的可能。中国的金融机构，尤其是互联网金融机构应该同样积极参与其中，占据未来金融的前沿阵地。

第十二章
互联网保险风险治理

01 互联网保险的风险

2013 年 2 月，阿里巴巴、腾讯、平安投资设立的中国第一家互联网保险公司众安在线财产保险股份有限公司正式获得保监会批复，标志着中国保险业与互联网融合实现了重大突破。众安保险以互联网思维结合大数据，设计服务于互联网经济的保险产品，实现了“保险设计—保险销售—保险理赔”一体化、互联化的互联网保险服务。随着互联网金融的突飞猛进，2015 年，互联网保险新兵泰康在线正式挂牌成立，而后恒大集团宣布进军保险业，互联网保险有逐渐成为保险行业主战场之势。保险互联网化在带来一系列发展新机遇之余，也给保险消费者保护带来了新挑战。

一、互联网保险消费者知情权新挑战

互联网保险误导销售问题比较突出，消费者知情权面临新挑战。互联网保险误导销售的根本原因在于保险产品设计的复杂性以及格式条款的难以理解。传统销售渠道下，保险销售人员对风险和收益揭示不明确，甚至不揭示风险，承诺高收益或不如实告知收益情况，更有甚者代客户签字，隐瞒犹豫期、退保损失、保单期限等重要合同内容。而在互联网背景下，多数互联网保险销售仅提供免责条款和除外责任的链接，消费者只需打钩即可，并不要求必须单击链接进行阅读。部分保险公司甚至会弱化“保险产品”字样，而单纯强调产品的高预期收益率及“保本保底”特征，对于收益的不确定性和费用扣除、退保损失等方面的说明，均采取模糊处理，销售误导出现的可能性大大增加。

在互联网保险产品趋于标准化、简单化和网络比价成本接近为零的背景下，互联网消费者往往主要依据保险公司的网页宣传和网友评价做出购买决策。特别是随着手机等移动终端业务占比的提高，受限于屏幕较小，以及提高交易便捷性、关注用户体验的需要，网页展示存在片面和不完整的问题，使得保险消费者的知情权保护面临更大的挑战。

二、互联网保险消费者信息安全新挑战

与一般交易不同，保险交易需要投保人提供详尽的个人资料，如身体状况、家庭状况、财产状况、疾病史等，对消费者个人信息保护提出较高的要求。而网络服务器作为互联网保险发展的载体，在为消费者提供便捷的互联网保险服务的同时，也具有脆弱性和易受攻击性，给保险消费者的信息安全保护带来了更大挑战。一方面，在客户完成在线投保后，网络经纪人或互联网保险平台可以通过网络大规模获取客户信息；另一方面，网络的开放性和安全技术的有限性也使得个人信息的搜集、加工、存储和再使用过程存在自身技术缺陷，电脑病毒、黑客攻击等可能带来客户个人信息保护方面的安全隐患。

三、互联网保险消费者维权环节新挑战

一方面，由于互联网保险的网络销售突破了物理经营网点的限制，消费者在维权时可能面临所在省、自治区或直辖市找不到保险公司分支机构或保险代理销售机构的情况，此时，若双方无法协商和解，则需要跨省维权，这会显著增大互联网保险消费者的维权成本。另一方面，互联网保险由于流程

相对传统保险业务更为简化，很可能会存在缺少必要的交易过程记录而导致消费者维权与保险公司正当拒赔难以取证的问题，带来交易可回溯风险。

针对互联网保险业务发展的新特点及所面临的风险和问题，保监会于2015年7月22日印发《互联网保险业务监管暂行办法》（简称《办法》），该《办法》2015年10月1日起施行，替代了《保险代理、经纪公司互联网保险业务监管办法（试行）》（保监发〔2011〕53号），施行期限为3年。《办法》对主体界定、产品管理、区域扩展、信息披露、信息安全及权责分配的明确规定有利于整个互联网保险行业的健康有序发展。

02 保险机构经营互联网保险的监管要求

一、自营网络平台界定及其经营条件

《办法》根据互联网保险业务发展的实际，对自营网络平台和第三方网络平台进行区分，规定了各自的经营要求和责任分配。其中，自营网络平台是指保险机构依法设立的网络平台。

《办法》第四条规定，互联网保险业务应由保险机构总公司建立统一集中的业务平台和处理流程，实行集中运营、统一管理，这有利于对互联网保险业务的统一规范化管理。保险机构的分支机构不得自行建立平台经营互联网保险业务，保险机构的从业人员不得以个人名义开展互联网保险业务。总公司也不得擅自授权分支机构开办互联网保险业务。

同时，《办法》规定了保险机构开展互联网保险业务的自营网络平台需

符合的条件，包括完善的信息管理系统、信息安全管理体系、互联网行业主管部门颁发的许可证或网站备案、专门的互联网保险业务管理部门及人员、管理制度和操作规程等。

二、互联网保险业务经营区域扩展

《办法》允许保险公司将互联网保险业务经营区域扩展至未设立分公司的地区。保险公司借助互联网开展业务可以突破地域限制，有利于降低保险公司业务拓展的成本，扩大保险服务的覆盖面。但为防范风险、保障服务质量，《办法》对此也有所限制。首先，保险公司在具有相应内控管理能力，且能满足客户服务需求的情况下，才能在未设立分公司的地区开展互联网保险业务。其次，险种有限制，包括：人身意外伤害保险、定期寿险和普通型终身寿险；投保人或被保险人为个人的家庭财产保险、责任保险、信用保险和保证保险；能够独立、完整地通过互联网实现销售、承保和理赔全流程服务的财产保险业务。保监会可以根据实际情况调整险种范围。再次，保险产品销售区域范围也是强制性信息披露的内容之一。最后，对可能存在的服务不到位、时效差等问题，保险机构应在销售时做出明确提示，经投保人确认，并留存确认记录。

三、保险机构的信息披露

《办法》规定，保险机构开展互联网保险业务，不得进行不实陈述、片面或夸大宣传过往业绩、违规承诺收益或者承担损失等误导性描述。网络平台上公布的保险产品相关信息，应由保险公司统一制作和授权发布，并确保信息内容合法、真实、准确、完整。这是对保险机构经营互联网保险业务信息披露的总体要求。具体而言，有如下几方面要求。

一是要在网络平台的显著位置披露，语言要清晰易懂。

二是披露内容至少包括：（一）保险产品的承保公司、销售主体及承保公司设有分公司的省、自治区、直辖市清单；（二）保险合同订立的形式，采用电子保险单的，应予以明确说明；（三）保险费的支付方式，以及保险单证、保险费发票等凭证的配送方式、收费标准；（四）投保咨询方式、保单查询方式及客户投诉渠道；（五）投保、承保、理赔、保全、退保的办理流程及保险赔款、退保金、保险金的支付方式；（六）针对投保人（被保险人或者受益人）的个人信息、投保交易信息和交易安全的保障措施。

三是针对网络销售的特点，明确规定销售页面上应包含下列内容：（一）保险产品名称（条款名称和宣传名称）及批复文号、备案编号或报备文件编号；（二）保险条款、费率（或保险条款、费率的链接），其中应突出提示和说明免除保险公司责任的条款，并以适当的方式突出提示理赔要求、保险合同中的犹豫期、费用扣除、退保损失、保险单现金价值等重点内容；（三）销售人身保险新型产品的，应按照《人身保险新型产品信息披露管理办法》的有关要求进行信息披露和利益演示，严禁片面使用“预期收益率”等描述产品利益的宣传语句；（四）保险产品为分红险、投连险、万能险等新型产品的，须以不小于产品名称字号的黑体字标注收益不确定性；（五）投保人的如实告知义务，以及违反义务的后果；（六）保险产品销售区域范围；（七）其他直接影响消费者利益和购买决策的事项。

四、风险防范与安全保障机制

《办法》对开展互联网保险业务的保险机构在风险防范及安全保障方面提出了多方面具体要求。

一是保险机构应完整记录和保存互联网保险业务的交易信息，确保能够完整、准确地还原相关交易流程和细节。交易信息应至少包括：产品宣传和销售文本、销售和服务日志、投保人操作轨迹等。第三方网络平台应协助和支持保险机构依法取得上述信息。

二是加强业务数据的安全管理，采取防火墙隔离、数据备份、故障恢复等技术手段，确保与互联网保险业务有关交易数据和信息的安全、真实、准确、完整。

三是防范假冒网站、APP应用等针对互联网保险的违法犯罪活动，检查网页上对外链接的可靠性，开辟专门渠道接受公众举报，发现问题后应立即采取防范措施，并及时向保监会报告。

四是加强客户信息管理，确保客户资料信息真实有效，保证信息采集、处理及使用的安全性和合法性。对开展互联网保险业务过程中收集的客户信息，保险机构应严格保密，不得泄露，未经客户同意，不得将客户信息用于所提供服务之外的目的。

五是建立健全客户身份识别制度，加强对大额交易和可疑交易的监控和报告，严格遵守反洗钱有关规定。

六是制定应急处置预案，妥善应对因突发事件、不可抗力等原因导致的互联网保险业务中断。

发生交易数据丢失或客户信息泄露，造成不良后果的，保监会可以责令整改。情节严重的，保监会将依法予以行政处罚。

03 第三方网络平台经营互联网保险的监管要求

一、第三方网络平台界定及其经营条件

《办法》规定，第三方网络平台，是指除自营网络平台外，在互联网保

险业务活动中提供网络技术支持辅助服务的网络平台，既包括直接为保险消费者提供服务，也包括为保险机构提供服务的网络平台。

第三方网络平台除具有互联网行业主管部门颁发的许可证或完成网站备案、具有安全可靠的互联网运营系统和信息安全管理体系外，还需具备的条件是：能够完整、准确、及时向保险机构提供开展保险业务所需的投保人、被保险人、受益人的个人身份信息、联系信息、账户信息以及投保操作轨迹等信息；最近两年未受到互联网行业主管部门、工商行政管理部门等政府部门的重大行政处罚，未被中国保监会列入保险行业禁止合作清单等。

二、第三方网络平台的信息披露

第一，第三方网络平台应在醒目位置披露合作保险机构信息及第三方网络平台备案信息。第二，第三方网络平台应明确提示保险业务由保险机构提供，以防消费者误解提供保险产品和服务的对象，这也是对第三方网络平台的保护。

三、投保信息提供时限

第三方网络平台应于收到投保申请后24小时内向保险机构完整、准确地提供承保所需的资料信息，包括投保人（被保险人、受益人）的姓名、证件类型、证件号码、联系方式、账户等资料。

四、保费支付

投保人交付的保险费应直接转账支付至保险机构的保费收入专用账户，

第三方网络平台不得代收保险费并进行转支付，避免平台卷款“跑路”或将保费挪作他用。保费收入专用账户包括保险机构依法在第三方支付平台开设的专用账户。此外，不得以现金或同类方式向投保人返还所交保费。

04 保险机构与第三方网络平台合作的权责分配

保险机构与第三方网络平台合作的权责分配包括约定和法定两种方式。一方面，《办法》规定，保险机构应与第三方网络平台签署合作协议，明确约定双方权利义务，确保分工清晰、责任明确。另一方面，《办法》也就一些权责分配的具体内容做出了明确规定。

一、费用支付

保险公司向保险专业中介机构及第三方网络平台支付相关费用时，应当由总公司统一结算、统一授权转账支付。保险公司应按照合作协议约定的费用种类和标准，向保险专业中介机构支付中介费用或向第三方网络平台支付信息技术费用等，不得直接或间接给予合作协议约定以外的其他利益。

二、广告宣传

第三方网络平台为保险机构提供宣传服务的，保险公司要对宣传内容进行审核，以确保宣传内容符合有关监管规定。保险公司对宣传内容的真实性、准确性和合规性承担相应责任。

三、交易信息记录和保存

由于互联网保险在网上进行交易，没有纸质凭证，交易信息记录和保存至关重要。《办法》规定，保险机构承担完整记录和保存互联网保险业务交易信息的责任，确保能够完整、准确地还原相关交易流程和细节。交易信息应至少包括：产品宣传和销售文本、销售和服务日志、投保人操作轨迹等。第三方网络平台应协助和支持保险机构依法取得上述信息。

四、赔偿责任

《办法》明确规定，因第三方网络平台原因导致保险消费者或者保险机构合法权益受到损害的，第三方网络平台应承担赔偿责任。

第十三章
互联网金融广告治理

互联网金融领域中大量的民事纠纷、刑事案件与广告问题息息相关，加强互联网金融广告治理是促进互联网金融健康发展，保护互联网金融消费者合法权益的必备前提。目前我国以散户投资者为主，大量互联网金融消费者风险甄别能力和风险承受能力较弱，特别是面对一些承诺保本保收益的宣传，容易受到误导，忽视其背后的风险。现代金融法制对于宣传行为规制的核心在于通过法律的强制手段促使广告主体如实进行宣传，避免欺诈和夸大误导投资者决策。互联网金融交易的平等自愿与买者自负原则均是建立在交易双方所了解的信息是真实且充分的基础之上，因此对于互联网金融广告的治理十分必要。目前，与此相关的规定主要是新修订的《广告法》及国家工商总局颁布的《互联网广告管理暂行办法》。互联网金融广告也被纳入此次专项整治的范畴。

01 互联网广告新规解析

国家工商总局于 2016 年 7 月 8 日颁布了《互联网广告管理暂行办法》（以下简称《暂行办法》），《暂行办法》以规范互联网广告活动，保护消费者合法权益为出发点，促进互联网广告业的健康发展，维护公平竞争的市场经济秩序。《暂行办法》明确了规制的对象和范围，并对“互联网广告”的内涵进行了“列举 + 概括式”的界定。

关于互联网金融广告的规制，《暂行办法》中并未专章进行规定，但对互联网广告的一般性规定也同样适用于互联网金融广告中。

一、主体规制

《暂行办法》的第十条、第十一条、第十二条规定了发布互联网广告时广告主、广告经营者、广告发布者所享有的权利和义务。（一）对广告主的规制。广告主应对广告内容的真实性负责，禁止欺诈和夸大式的广告宣传。广告主发布互联网广告时需要具备相应的主体身份、行政许可、引证内容等证明文件，并且文件真实、合法、有效。在广告发布方式的选择方面，广告主自行发布广告也可以委托适格主体发布广告。（二）对广告发布者、广告经营者的规制。广告发布者、经营者应当建立健全互联网广告业务的登记、审核、档案管理制度，审查核实广告主的主体身份信息并建立档案进行管理，对于资质审查当中内容不符、文件不全的广告不予发布。

监管部门通过对涉及广告发布的主体进行规制，可以从源头上更为全面地防范广告欺诈行为。在具体规制方式的选择上，对广告主侧重于采取主体资质审核的方式，并要求广告主对广告内容的真实性负责，突出了形式审核与实质审核并举的特点；对广告发布者与广告经营者的规制，既要求相关主体需要满足一定资质，同时注重对于广告材料的审核。尤其是建立了档案管理制度，在一定程度上有利于监管部门对广告发布者与经营者进行事后的审查与管理。

二、行为规制

《暂行办法》中对于互联网广告中的具体行为进行了禁止性规定，主要包括：利用技术手段对他人正当经营的广告采取拦截、过滤、覆盖、快进等措施；利用技术手段破坏正常广告数据传输，影响他人的正常广告行为；利用虚假的统计数据、传播效果或互联网媒介价值，诱导错误报价，谋取不正当利益或损害他人合法权益；为互联网广告提供信息服务的互联网信息服务提供者（ISP），对其明知或应知利用其信息服务发布违法广告的应当及时制止。

在互联网技术广泛应用的今天，特定行为的禁止性规定在广告领域必不可少。《暂行办法》首先禁止利用技术手段破坏正常的广告活动，以避免扰乱市场秩序并维护网络安全；其次，对利用虚假内容进行广告、影响投资者决策的行为予以禁止，能够确保金融交易过程中价格形成的稳定，便于投资者保护；最后，要求互联网信息服务提供者对于违法发布广告的活动及时制止，赋予了网络信息服务者更多的审查义务与责任。

三、法律责任

对于违反《广告法》《暂行办法》的互联网广告以及相关的责任人课以相应的法律责任，工商部门等执法机关发现违法互联网广告可以行使规定范围内的职权并实施行政处罚。总体来说，《暂行办法》中所规定的法律责任形式主要建立在《广告法》已设定的具体责任形式之上，并以金钱处罚为主，增加相应的违法成本，保障《广告法》《暂行办法》框架下所规定的禁止性行为得到落实。

法律责任的明确是确保法律法规各项规定得以落实的重要保障机制，但是法律责任的规定也必须遵循“下位法服从上位法”的原则，以确保法治目的的实现。在广告规制领域，广告违法行为所产生结果通常表现为经济的损失与市场秩序的扰乱，因此采取金钱处罚和其他行政处罚相结合的方式，既符合《广告法》对于法律责任的规定，也更契合广告违法行为的实际情况。

02 地方互联网金融广告治理：以北京市为例

北京市是我国互联网金融行业发展最为迅速的地区之一，为了维护广大金融消费者的权益，在北京市工商局的牵头下，逐步探索互联网金融广告相关部门的合作协调及监管机制。其要点主要包括如下四点：

1. 明确互联网金融广告各部门的监管职责

互联网金融的广告监管需要相关部门之间的通力合作和协调，其中对于工商部门、宣传部门、网信部门、公安部门、通信管理部门、新闻出版广电部门、打非办（金融部门）、人民银行营管部、银监部门、证监部门及保监部门在互联网金融广告中的监管职责做出了明确规定，并要求各部门要充分利用各自监管的职能和手段，在日常监管工作中注重部门之间的合作与协调。

2. 部门间信息共享机制的构建与完善

互联网金融广告的监管涉及金融行业诸多部门的特征，要求相关部门之间要通力合作与注重协调，因此加强和完善部门间的信息共享机制和通报制度尤为重要。以北京市的做法为例，其信息共享机制主要包括以下四个部分：第一，打非办（金融局）、银监部门、证监部门、保监部门认为广告活动构成违法的，应首先通知广告发布者停止发布相关广告，并通报工商局、宣传部门、网信办、新闻出版广电部门，涉嫌犯罪的还应当通报公安机关依法处理；第二，工商局、宣传部、网信办、新闻出版广电部门发现涉嫌违法广告的，及时通报打非办（金融局）、银监部门、证监部门、保监部门进行甄别并明确是否违法；第三，工商局要提高对于广告检测数据的综合利用，每月制作《投资理财类广告检测报告》并抄送有关部门；第四，每季度由牵头单位召开投资理财类活动监管情况通报会议，通报工作情况，提出和研究监管难点，各单位遵循积极协调、密切配合的原则，形成治理金融投资理财违法广告的监管合力与长效机制。

3. 规范工作程序，建立和完善联合执法机制

第一，各部门对于职能范围内所查办的金融投资理财类虚假违法广告要与相关部门及时通报信息；第二，在向有关部门移交案件进行处理时，要将相关的证据材料一并移交，以增强处罚措施的联动效能；第三，各部门综合运用行政指导、行政处罚、责任追究等多种手段和措施来强化综合监管和联合执法，构建快速高效的联动工作机制，以实现对广告发布者、经营者和广告主的全方位监管。

4. 加强自律管理，规范互联网理财广告

自律性管理主要通过对广告内容、广告经营者和发布者、自律性组织的行为进行要求与规制，具体来说主要体现在以下几方面：

第一，采取更加市场化的方式规制互联网金融广告及其内容。例如，通过“正面清单”“负面清单”等方式规定哪些广告可以做，哪些广告不可以做。在内容规制方面，不得含有未经国家有关部门批准向公众募集资金，不得含有对未来效果、收益或者与其相关的情况做出保证性承诺，不得利用学术机构、行业协会、专业人士、受益者的名义或形象作推荐与证明。

第二，加强广告主对广告内容真实性的责任。首先，要保证广告内容与实际经营情况相符，不得超出行政审批内容和营业执照经营范围。其次，广告主在发布广告前要审查广告经营者、广告发布者是否具有相应的证明文件

与资信材料。再次，广告主要建立健全客户评级、风险提示等制度，加强对于金融消费者的教育，引导金融消费者树立平等自愿、谨慎交易、风险自担的意识。最后，广告主要合理开展宣传推广活动，不得违法违规承诺或保证收益，不得对互联网金融理财产品进行虚假、夸大的不实宣传，误导金融消费者。

第三，对广告经营者、广告发布者的规制。首先，要依据法律、行政法规查验相关证明文件，审查核对广告内容。其次，确认广告主的主体资格并审查相关的资质文件、证明文件，确保广告内容的真实与合法。最后，建立互联网金融投资理财广告发布的保证金制度，保证金由第三方银行进行托管。

03 互联网金融广告治理机制之完善

一、创新互联网金融广告的治理模式

在金融商品结构日益复杂化、专业化的背景下，应当考虑建立综合性的互联网金融广告治理模式。首先，在对互联网金融广告进行治理当中，既要发挥工商部门、银监部门、证监部门的主导作用，也要注重与其他相关部门的合作与协调。其次，注重互联网金融广告治理中行为监管与审慎监管的衔接与协调，行为监管着眼于对于具体微观的金融行为的监管，审慎监管着眼于对宏观金融风险的防控，在互联网金融广告监管领域将行为监管与审慎监管结合起来，将利于从微观与宏观的角度把握金融风险，找出化解风险的最

优途径。再次，还应注重对于金融创新的鼓励与保护，具体来说，应当采取“负面清单”的方式对于禁止性广告行为进行限定，建立起互联网金融广告的动态治理体系。最后，发挥自律性组织的力量，及时发现并妥善化解潜在风险。

二、完善互联网金融广告的动态监测系统

注重运用大数据等新技术对互联网金融广告活动进行动态监控。通过大数据手段对众多互联网金融广告进行甄别、筛选与处理，使得监管主体对于违法行为、风险管理更为精确与合理，形成针对互联网金融广告的全流程联动监控系统，实现治理过程中信息和数据的交流与共享，减少监管成本，提升监管效率。

三、健全金融消费者教育体系

当前，互联网金融迅猛发展，信息技术的高速发展和广泛应用把人类带入互联网时代，普惠金融成为互联网时代人类社会发展进步的根本实现方式，信息技术和互联网金融的结合成为实现普惠金融的根本途径。互联网金融广告治理应当以金融消费者的保护为落脚点，以人为本，进行金融消费者教育，从根本上提高互联网金融参与主体的素质，加强金融消费者权益保护。笔者认为，互联网金融广告的广告主、经营者、发布者应与监管机构一同承担起金融消费者教育的义务，在广告中强化投资者风险自担、买者自负的理念。监管机构还应当与社会组织协作建立起金融消费者教育基地，并以此为契机增强金融消费者的金融专业知识与法律知识，树立正确的投资理念，知晓维权的途径。

04 互联网金融广告风险专项整治方案解读

一、《互联网金融风险专项整治工作实施方案》（以下简称《方案》）的规制思路

《方案》要求，互联网金融领域广告等宣传行为应依法合规、真实准确，不得对金融产品和业务进行不当宣传。未取得相关金融业务资质的从业机构，不得对金融业务或公司形象进行宣传。取得相关业务资质的，宣传内容应符合相关法律法规规定，需经有关部门许可的，应当与许可的内容相符合，不得进行误导性、虚假违法宣传。通过《方案》中针对互联网金融广告规制的表述，可以总结出如下几个要点。

（一）互联网金融领域广告规制的基本原则

第一，法治原则。互联网金融领域的广告要符合现行法律法规的相关规定，表明了监管部门要以“法治原则”来整治互联网金融领域广告行为的首要立场，这也和十八届四中全会提出的全面依法治国的理念相契合。第二，真实性原则。互联网金融领域的广告要真实、准确，避免欺诈消费者，才能真正实现对金融消费者的有效保护，但需要注意的是，真实性原则的确立仍有赖于法治原则的保障。第三，禁止性行为。《方案》作为全国互联网金融风险专项整治活动顶层设计的文件，对专项整治活动的有序开展具有全局性、指导性意义，“不得对金融产品和业务进行不当宣传”也是从更高的层

面对互联网金融广告领域的全体从业者提出的要求。

（二）互联网金融领域广告资质限定

《方案》分别对金融广告主体的资质以及广告内容进行限定，即如果要进行互联网金融领域相关宣传，首先要取得相应的资质，成为适格的主体。此外，具有互联网金融广告资质的主体也不能随心所欲地发布广告，广告内容不能超越相应资质所赋予的宣传范围。

（三）具体实施途径

第一，在主体资质和宣传内容方面。互联网金融机构开展广告宣传行为首先需要获得相应的资质，即获得相应金融监管部门的行政许可或牌照，并且在许可的范围之内进行广告宣传活动。第二，不当宣传行为的禁止。互联网金融机构在进行广告宣传的过程中，需尤其注意不得从事《方案》所列禁止宣传的9类事项，包括对未来效果、收益或与其相关情况做出的保证性承诺，明示或暗示保本、无风险或保收益等。第三，非金融类机构及不从事金融业务的机构，在注册名称和经营范围中，不得使用“交易所”“交易中心”“金融”“资产管理”等字样。第四，互联网金融机构在开展广告宣传的过程中要注重承担相应的社会责任，例如提醒投资者注意投资风险、适时进行投资者教育并便利投资者维权。

二、《开展互联网金融广告及以投资理财名义从事金融活动风险专项整治工作实施方案》（以下简称《实施方案》）的规制思路

2016年4月，国家工商总局、中央宣传部、中央维稳办等十七个部门联

合印发了《开展互联网金融广告及以投资理财名义从事金融活动风险专项整治工作实施方案》，在全国范围内对互联网金融广告和以投资理财名义从事金融活动行为进行集中清理整治。

（一）清理整治互联网金融广告的具体措施梳理

第一，依法加强涉及互联网金融的广告监测监管，加强沟通协调，就广告中涉及的金融机构、金融活动及有关金融产品和金融服务的真实性、合法性等问题，通报金融管理部门进行甄别处理；第二，金融管理部门会同有关部门制定金融广告发布的市场准入清单，明确发布广告的金融及类金融机构是否具有合法合规的金融业务资格、可以从事何种具体金融业务等；第三，对大部分互联网金融网站，例如财经金融类网站、网络消费金融平台、网络借贷平台、股权众筹融资平台、网络金融产品销售平台等金融、类金融企业自设网站发布的广告进行重点整治；第四，针对违法高发性重点违法违规广告行为进行监测与查处；第五，加强引导与宣传，即有关部门以宣传贯彻广告等法律法规为重点，开展形式多样的学习与培训，推动行业诚信建设。

（二）排查以投资理财名义从事金融活动行为的具体措施梳理

主要采取下列方式对以投资理财名义从事金融活动的行为进行排查：第一，依托全国企业信用信息公示系统，加强工商登记注册信息互联互通和部门监管互动；第二，金融管理部门与工商部门结合登记信息和有关方面信息进行综合研判，在此基础之上提出分类处置方案；第三，对违法违规行为情节严重的企业，工商部门根据金融管理部门的认定意见依法吊销营业执照；第四，工商部门根据公示系统的信息，规范、清理相关支付机构，对于失信企业的法定代表人与股东还要实行延伸监管并及时控制风险；第五，对于企业名称与经营范围进行规范与整治。

第十四章
互联网金融刑法问题

01 互联网金融可能涉及哪些犯罪

近年来，互联网金融犯罪案件频频发生，其中涉案金额巨大、受害群众众多的不在少数，严重危害了正常金融秩序及社会稳定。尽管并未因为互联网金融创新而创设出新的罪名，但如何运用现有刑法理论及刑事法律法规评判互联网金融中的相关行为亦存在争议，因此，有必要厘清互联网金融领域合规与违规、罪与非罪的界限，促进行业健康发展。

规制互联网金融领域犯罪的主要依据是《刑法》分则第三章中对破坏金融管理秩序的犯罪和金融诈骗犯罪的规定。相较于传统的金融犯罪，互联网金融领域犯罪的主要特征是：在互联网时代下犯罪手段和犯罪模式的变化，其犯罪目的和刑法所保护的法益并无本质的变化。从犯罪手段上看，区别于传统犯罪，从加害者与受害者的关系看，现实社会中的传统犯罪主要是一对一的侵害方式，互联网时代下的犯罪则多表现为一对多的侵害方式，侵害对象具有不特定性的特点，其侵害后果具有很强的叠加性。[1]

金融犯罪是一种侵害多重法益的犯罪，不仅直接损害当事人的合法财产权益，也威胁到金融秩序乃至社会稳定。因此，我国刑法对金融犯罪采取严厉的打击手段。借助互联网金融创新模式进行的犯罪对传统金融刑事立法和执法提出了新挑战，此类案件往往案情复杂，手段方式有别于传统金融犯

① 于志刚：《网络犯罪与中国刑法应对》，《中国社会科学》，2010 年第 3 期。

罪，因此，在讨论互联网金融领域的犯罪时，不能简单将传统金融刑事立法直接套用于互联网金融犯罪，而应当有所继承，有所创新。

互联网金融涉及的犯罪主要包括两类：一类是与非法集资相关的犯罪，主要是针对公众的财产法益和金融秩序实施的犯罪，典型的如非法吸收公众存款罪、集资诈骗罪，这一类犯罪与 P2P 借贷、互联网众筹等密切相关；另一类则表现为洗钱罪等传统金融犯罪。我们重点讨论前者。

非法集资犯罪并非《刑法》明确规定的犯罪类型，而是一个被司法解释采用①并在学术研究上广为使用的概念。与非法集资相关的犯罪，主要是违反现有金融监管规则的民间金融犯罪，涉及犯罪的罪名包括非法吸收公众存款罪，集资诈骗罪，妨碍信用卡管理罪，欺诈发行股票债券罪，擅自发行股票、公司、企业债券罪，擅自设立金融机构罪等数种犯罪。其中，最为典型的也是在实践中最常发生的是非法吸收公众存款罪，集资诈骗罪，以及擅自发行股票、公司、企业债券罪。

02 非法吸收公众存款罪

非法吸收公众存款罪是《刑法》分则第三章经济犯罪中破坏金融管理秩序的一种犯罪。从该罪名侵犯的法益上看，非法吸收公众存款主要侵犯的是我国金融管理秩序。依据《刑法》第一百七十六条规定，非法吸收公众存款或者变相吸收公众存款，扰乱金融秩序的，即构成本罪，应追究刑事责任。

① 最高人民法院于 2010 年 11 月 22 日发布的《关于审理非法集资刑事案件具体应用法律若干问题的解释》。

从对该罪的具体规定上也可以看出，刑法设立该罪旨在维护传统金融秩序。

考虑到设立本罪时我国采取的抑制性金融立法，打击该罪所维护的金融秩序实质上表现为以传统银行机构为核心的金融秩序——在这种金融秩序下，任何可能被视为从事银行业务的民间金融活动都成为秩序排斥和打击的对象。《最高人民法院关于审理非法集资刑事案件具体应用法律若干问题的解释》（法释〔2010〕18 号）明确规定了认定为《刑法》第一百七十六条规定的非法吸收公众存款或者变相吸收公众存款需同时具备的四个条件。依据该司法解释的规定，只要具备“未经批准、公开宣传、承诺回报、针对不特定对象融资”的要件，就构成非法吸收公众存款罪。同时，该司法解释对涉案金额做出严格的规定，个人非法吸收或者变相吸收公众存款，数额在 20 万元以上的，单位非法吸收或者变相吸收公众存款，数额在 100 万元以上的，均应追究刑事责任。此外，为了解决实践中滥用“未向社会公开宣传，在亲友或者单位内部针对特定对象吸收资金的，不属于非法吸收或者变相吸收公众存款”规定的问题。《最高人民法院、最高人民检察院、公安部关于办理非法集资刑事案件适用法律若干问题的意见》（公通字［2014］16 号）强调，前文所述“向社会公开宣传”，包括以各种途径向社会公众传播吸收资金的信息，以及明知吸收资金的信息向社会公众扩散而予以放任等情形；此外，在向亲友或者单位内部人员吸收资金的过程中，明知亲友或者单位内部人员向不特定对象吸收资金而予以放任的；或者以吸收资金为目的，将社会人员吸收为单位内部人员，并向其吸收资金的行为，均构成非法吸收公众存款罪，从而进一步收窄该罪的认定空间。

【法律依据】

1.《**刑法**》

第一百七十六条：非法吸收公众存款或者变相吸收公众存款，扰乱金融秩序的，处三年以下有期徒刑或者拘役，并处或者单处二万元以上二十万元以下罚金；数额巨大或者有其他严重情节的，处三年以上十年以下有期徒刑，并处五万元以上五十万元以下罚金。单位犯前款罪的，对单位判处罚金，并对其直接负责的主管人员和其他直接责任人员，依照前款的规定处罚。

2.《最高人民法院关于审理非法集资刑事案件具体应用法律若干问题的解释》（法释〔2010〕18号）

第一条：违反国家金融管理法律规定，向社会公众（包括单位和个人）吸收资金的行为，同时具备下列四个条件的，除刑法另有规定的以外，应当认定为刑法第一百七十六条规定的“非法吸收公众存款或者变相吸收公众存款”：（一）未经有关部门依法批准或者借用合法经营的形式吸收资金；（二）通过媒体、推介会、传单、手机短信等途径向社会公开宣传；（三）承诺在一定期限内以货币、实物、股权等方式还本付息或者给付回报；（四）向社会公众即社会不特定对象吸收资金。

未向社会公开宣传，在亲友或者单位内部针对特定对象吸收资金的，不属于非法吸收或者变相吸收公众存款。

第二条：实施下列行为之一，符合本解释第一条第一款规定的条件的，应当依照刑法第一百七十六条的规定，以非法吸收公众存款罪定罪处罚：（一）不具有房产销售的真实内容或者不以房产销售为主要目的，以返本销售、售后包租、约定回购、销售房产份额等方式非法吸收资金的；（二）以转让林权并代为管护等方式非法吸收资金的；（三）以代种植（养殖）、租种植（养殖）、联合种植（养殖）等方式非法吸收资金的；（四）不具有销售商品、提供服务的真实内容或者不以销售商品、提供服务为主要目的，以商品回购、寄存代售等方式非法吸收资金的；（五）不具有发行股票、债券的真实内容，以虚假转让股权、发售虚构债券等方式非法吸收资金的；（六）不具有募集基金的真实内容，以假借境外基金、发售虚构基金等方式非法吸收资金的;(七)不具有销售保险的真实内容,以假冒保险公司、伪造保险单据等方式非法吸收资金的;(八)以投资入股的方式非法吸收资金的;(九)以委托理财的方式非法吸收资金的;(十)利用民间"会""社"等组织非法吸收资金的;(十一)其他非法吸收资金的行为。

第三条:非法吸收或者变相吸收公众存款,具有下列情形之一的,应当依法追究刑事责任:(一)个人非法吸收或者变相吸收公众存款,数额在20万元以上的,单位非法吸收或者变相吸收公众存款,数额在100万元以上的;(二)个人非法吸收或者变相吸收公众存款对象30人以上的,单位非法吸收或者变相吸收公众存款对象150人以上的;(三)个人非法吸收或者变相吸收公众存款,给存款人造成直接经济损失数额在10万元以上的,单位非法吸收或者变相吸收公众存款,给存款人造成直接经济损失数额在50万元以上的;(四)造成恶劣社会影响或者其他严重后果的。

具有下列情形之一的,属于刑法第一百七十六条规定的"数额巨大或者有其他严重情节":(一)个人非法吸收或者变相吸收公众存款,数额在100万元以上的,单位非法吸收或者变相吸收公众存款,数额在500万元以上的;(二)个人非法吸收或者变相吸收公众存款对象100人以上的,单位非法吸收或者变相吸收公众存款对象500人以上的;(三)个人非法吸收或者变相吸收公众存款,给存款人造成直接经济损失数额在50万元以上的,单位非法吸收或者变相吸收公众存款,给存款人造成直接经济损失数额在250万元以上的;(四)造成特别恶劣社会影响或者其他特别严重后果的。

非法吸收或者变相吸收公众存款的数额,以行为人所吸收的资金全额计算。案发前后已归还的数额,可以作为量刑情节酌情考虑。

非法吸收或者变相吸收公众存款,主要用于正常的生产经营活动,能够及时清退所吸收资金,可以免予刑事处罚;情节显著轻微的,不作为犯罪处理。

3.《最高人民法院、最高人民检察院、公安部关于办理非法集资刑事案件适用法律若干问题的意见》（公通字［2014］16号）

第二条：关于“向社会公开宣传”的认定问题。《最高人民法院关于审理非法集资刑事案件具体应用法律若干问题的解释》第一条第一款第二项中的“向社会公开宣传”，包括以各种途径向社会公众传播吸收资金的信息，以及明知吸收资金的信息向社会公众扩散而予以放任等情形。

第三条：关于“社会公众”的认定问题。下列情形不属于《最高人民法院关于审理非法集资刑事案件具体应用法律若干问题的解释》第一条第二款规定的“针对特定对象吸收资金”的行为，应当认定为向社会公众吸收资金：（一）在向亲友或者单位内部人员吸收资金的过程中，明知亲友或者单位内部人员向不特定对象吸收资金而予以放任的；（二）以吸收资金为目的，将社会人员吸收为单位内部人员，并向其吸收资金的。

第四条：关于共同犯罪的处理问题。为他人向社会公众非法吸收资金提供帮助，从中收取代理费、好处费、返点费、佣金、提成等费用，构成非法集资共同犯罪的，应当依法追究刑事责任。能够及时退缴上述费用的，可依法从轻处罚；其中情节轻微的，可以免除处罚；情节显著轻微、危害不大的，不作为犯罪处理。

03 集资诈骗罪

《刑法》第一百九十二条规定，以非法占有为目的，使用诈骗方法非法集资，数额较大的，即构成本罪，应当依法追究刑事责任。依据《最高人民法院关于审理非法集资刑事案件具体应用法律若干问题的解释》第四条的规定，以非法占有为目的，使用诈骗方法实施非法吸收公众存款的行为的，以集资诈骗罪定罪处罚。因此，从犯罪构成要件上看，集资诈骗罪与非法吸收公众存款罪的最主要区别在于前者以诈骗为目的，非法取得利益。根据前述司法解释第五条的规定，如果将吸收的资金藏匿、携款跑路或者用于犯罪目的的，均属于集资诈骗。

在实践中，部分 P2P 平台向投资者承诺高回报、高收益、保本付息，同时虚构投资标的，募集到的资金实际上并无对应投资标的，属于虚假融资。该类 P2P 平台多以诈骗为目的设立，或因经营不当无法偿还到期债务而陷入“庞氏骗局”的困境。该类平台由于缺乏可以有效配置以获取高额收益的资产，只能以后期融资金偿还前期资金的高额利息，具有非常高的风险。一旦出现资金链断裂，将导致平台的彻底垮台，造成平台“跑路”等现象。涉嫌上述行为的“P2P”平台往往被司法机构认定构成集资诈骗罪。

【法律依据】

1.《**刑法**》

第一百九十二条：【集资诈骗罪】以非法占有为目的，使用诈骗方法非法集资，数额较大的，处五年以下有期徒刑或者拘役，并处二万元以上二十万元以下罚金；数额巨大或者有其他严重情节的，处五年以上十年以下有期徒刑，并处五万元以上五十万元以下罚金；数额特别巨大或者有其他特别严重情节的，处十年以上有期徒刑或者无期徒刑，并处五万元以上五十万元以下罚金或者没收财产。

2.《**最高人民法院关于审理非法集资刑事案件具体应用法律若干问题的解释**》**（法释〔2010〕18 号）**

第四条：以非法占有为目的，使用诈骗方法实施本解释第二条规定所列行为的，应当依照刑法第一百九十二条的规定，以集资诈骗罪定罪处罚。

使用诈骗方法非法集资，具有下列情形之一的，可以认定为“以非法占有为目的”：

（一）集资后不用于生产经营活动或者用于生产经营活动与筹集资金规模明显不成比例，致使集资款不能返还的；（二）肆意挥霍集资款，致使集资款不能返还的；（三）携带集资款逃匿的；（四）将集资款用于违法犯罪活动的；（五）抽逃、转移资金、隐匿财产，逃避返还资金的；（六）隐匿、销毁账目，或者搞假破产、假倒闭，逃避返还资金的；（七）拒不交代资金去向，逃避返还资金的；（八）其他可以认定非法占有目的的情形。

集资诈骗罪中的非法占有目的，应当区分情形进行具体认定。行为人部分非法集资行为具有非法占有目的的，对该部分非法集资行为所涉集资款以集资诈骗罪定罪处罚；非法集资共同犯罪中部分行为人具有非法占有目的，其他行为人没有非法占有集资款的共同故意和行为的，对具有非法占有目的的行为人以集资诈骗罪定罪处罚。

第五条：个人进行集资诈骗，数额在 10 万元以上的，应当认定为“数额较大”；数额在 30 万元以上的，应当认定为“数额巨大”；数额在 100 万元以上的，应当认定为“数额特别巨大”。

单位进行集资诈骗，数额在 50 万元以上的，应当认定为“数额较大”；数额在 150 万元以上的，应当认定为“数额巨大”；数额在 500 万元以上的，应当认定为“数额特别巨大”。

集资诈骗的数额以行为人实际骗取的数额计算，案发前已归还的数额应予扣除。行为人为实施集资诈骗活动而支付的广告费、中介费、手续费、回扣，或者用于行贿、赠与等费用，不予扣除。行为人为实施集资诈骗活动而支付的利息，除本金未归还可折抵本金以外，应当计入诈骗数额。

04 擅自发行股票、公司、企业债券罪

擅自发行股票、公司、企业债券罪是《刑法》分则第三章经济犯罪中破坏金融管理秩序的一种犯罪，侵犯的法益是我国的证券发行秩序。依据《刑法》第一百七十九条规定，未经国家有关主管部门批准，擅自发行股票或者公司、企业债券，数额巨大、后果严重或者有其他严重情节的，即构成本罪，应当依法追究刑事责任。依据《最高人民法院关于审理非法集资刑事案件具体应用法律若干问题的解释》的规定，擅自发行股票、公司、企业债券累计超过200人的，即应追究刑事责任。

实践中，常出现企业基于募集资金的需要，借助互联网工具进行股权融资的现象。然而，由于对证券法律法规不熟悉等原因，部分企业存在以公开发行进行股权融资、发行股票等行为，或者募资后股东人数超过200人，因而违反了“未经审批不得公开发行证券”的规定，进而构成擅自发行股票、公司、企业债券罪。

需要指出的是，本罪旨在维护证券发行秩序，从而维护金融秩序，但实际上与非法吸收公众存款罪之间存在诸多冲突和不协调之处。从罪名上看，非法吸收公众存款罪的犯罪行为主要从事了类银行的存贷款业务，但上述司法解释则扩大了其适用范围，成为一种“口袋罪”，凡针对不特定多数人实施的未经批准的融资行为，均可构成该罪。如此规定，致使擅自发行股票、公司、企业债券罪成为非法吸收公众存款罪的一种特殊形式，超出了非法吸收公众存款罪的容纳范围。因此，笔者认为适当限制非法吸收公众存款罪的

适用范围，使其主要适用于针对类似 P2P 融资的存贷业务关系；扩大证券的范围，使擅自发行股票、公司、企业债券罪逐步扩大为打击非法证券融资类的罪名；如此即可与《商业银行法》《证券法》相互协调适应，也符合现在的“一行三会”的监管格局。

金融刑事立法滞后于金融创新，因此，一方面，刑事立法者和司法机关应当对互联网金融创新保持适度的宽容态度，坚持刑法谦抑的原则；另一方面，作为互联网金融的从业者，要严格遵循监管规则，树立红线意识——一旦超越红线，往往即是犯罪的深渊。

【法律依据】

1.《刑法》

第一百七十九条：【擅自发行股票、公司、企业债券罪】未经国家有关主管部门批准，擅自发行股票或者公司、企业债券，数额巨大、后果严重或者有其他严重情节的，处五年以下有期徒刑或者拘役，并处或者单处非法募集资金金额百分之一以上百分之五以下罚金。

单位犯前款罪的，对单位判处罚金，并对其直接负责的主管人员和其他直接责任人员，处五年以下有期徒刑或者拘役。

2.《最高人民法院关于审理非法集资刑事案件具体应用法律若干问题的解释》（法释〔2010〕18 号）

第六条：未经国家有关主管部门批准，向社会不特定对象发行、以转让股权等方式变相发行股票或者公司、企业债券，或者向特定对象发行、变相发行股票或者公司、企业债券累计超过 200 人的，应当认定为刑法第一百七十九条规定的“擅自发行股票、公司、企业债券”。构成犯罪的，以擅自发行股票、公司、企业债券罪定罪处罚。

第十五章
互联网金融纠纷解决机制

01 互联网金融消费者维权痛点

互联网金融的蓬勃发展深刻体现出我国社会发展的新态势。金融业借助信息技术与移动通讯业务的快速发展，提高了商品交易速度和效率，改变了人们的消费与支付习惯，业已形成一个新的研究热点问题。然而，在互联网金融发展过程中，互联网金融消费者的权益保护却困难重重，呈现出“维权无据”“举证被动”等状况。首先，由于互联网具有虚拟性，交易双方并不在现场进行面对面交易，无法核实双方身份的合法性、真实性，增加了交易的不确定性；其次，互联网金融消费者个人信息保护机制还不完善，一些调查数据①表明消费者易遭遇不同形式的侵害、不同程度的经济损失；再次，网络安全风险急剧增加，不断翻新变换的黑客、钓鱼网站、病毒程序等网络攻击手段极大威胁了消费者的资金和信息安全；再次，互联网金融企业的市场地位、法律地位不清晰，业务风险大，一旦网络投资平台公司由于经营不善而停止运营、携款“跑路”，消费者难以追回款项；最后，相关法律法规体系不健全，相应监管仍停留在准入监管阶段，在交易经营与事后监督中的消费者权益保护仍处于亟须规划、切实落实的阶段。

---

① 邹伟:《互联网金融发展过程中消费者权益保护问题》,《时代金融》,2014 年第 9 期。

02 传统非诉讼纠纷解决机制（ADR）不足以应对互联网金融纠纷

一、解决互联网金融纠纷的难点

互联网金融为金融服务带来了便利，但互联网金融自身的特点也给纠纷解决增加了难度，总结起来，笔者认为，互联网金融纠纷的难点主要体现在如下方面：

一是通常网络交易迅速、交易量大，但是每笔交易金额可能并不大。如果依靠法院成本太高，我国集团诉讼机制还不完善；如果依靠仲裁花费也太高，需要有一套高效、便捷的网上金融纠纷解决机制。金融消费者通过司法途径获得救济的难度大、成本高，而且金融纠纷案件往往涉及当事人数量较大，具有广泛的社会影响性，法院在此类案件中较为慎重甚至不予受理，给消费者维权带来很大困难。另外，从成本—收益的角度分析，民事诉讼中“谁主张谁举证”的一般证据规则往往迫使处于信息劣势的金融消费者一方承担与其地位不相称的举证责任。由于异地的金融消费或交易时有发生，而管辖法院以被告住所地或侵权行为地为准，无疑会增加消费者出庭成本，导致消费者不得不放弃诉讼。

二是互联网金融中的投资者、金融消费者往往处于弱势地位，特别是相对于大型 P2P 网络借贷平台、众筹平台等而言，倘使没有专门的纠纷解决机制，发生纠纷后很难维权。

三是互联网纠纷常常具有跨地域性的特点，如在 P2P 网络借贷纠纷中，资金借出方、贷入方、P2P 网络借贷平台、担保方等居于不同的地方，发生纠纷后要到同一地点面对面解决，耗时耗力。

四是证据问题，电子合同很容易被篡改、伪造，网上的电子合同是否有效，是否是符合法律依据的合同，必须通过有力的证据来证明，如时间戳等。但是目前还没有展开，需要进行推广。有效的电子合同是事前的充分证据保障，较平台而言，投资者、金融消费者在财力、专业能力方面本身就处于弱势地位，而作为证据的电子数据由平台存储，发生纠纷后平台可任意篡改，公众举证困难。

二、传统 ADR 解决互联网金融纠纷之不足

笔者曾于 2009—2014 年多次对我国以及境外国家和地区的金融纠纷进行考察调研[①]，结合互联网金融纠纷的解决来看，目前，我国的金融纠纷解决机制存在的主要问题如下：

第一，专业性问题。在 ADR（非诉讼纠纷解决机制：Alternative Dispute Resolution）的发源地美国，ADR 主要是因劳动争议而发展起来的，当时金融纠纷没有像现在那么突出。由于经济全球化，金融业的迅猛发展，特别是在互联网金融发展的今天，金融纠纷显得尤为突出。互联网金融有其独特的行业特点，传统 ADR 已经无法涵盖。

第二，缺乏网上灵活的纠纷解决机制。网上的金融纠纷需要在网

① 笔者于 2010 年 10 月、12 月，2011 年 7 月、10 月、12 月，2012 年 5 月，2013 年 2 月，分别在上海、广州、深圳、香港、台湾、西安、温州、台州、宁波、北京等地的“一行三会”的派出机构或分支机构、银行、保险公司、证券公司、地方金融办、法院、仲裁机构、金融业行业协会、消费者保护组织等进行了实地考察调研。掌握了第一手的数据和资料，对我国的金融纠纷的现状、问题、纠纷解决途径、解决机制存在问题以及金融消费者保护的现状问题等进行考察研究。

上快速、高效解决，传统 ADR 仅针对线下，面对面地通过耐心劝导、调解来化解纠纷。互联网金融纠纷常常具有跨地域性的特点，让纠纷双方面对面来解决不仅不便捷，而且往往成本很高，直接搬到线上显然不适用。

第三，金融消费纠纷处理机制不完善。近年来，虽然北京保险业协会和法院之间展开了纠纷调解方面的合作，行业协会设置了投诉热线，银监会、证监会、保监会的派出机构也纷纷设立了金融消费者投诉处理工作联动机制，尤其是中国证券业协会自 2012 年全面开展的证券调解工作[①]引人注目，但是以调解机制为中心，仲裁等 ADR 方式得不到发挥利用，也缺乏新型的纠纷解决机制的创新，而且关于消费者与金融机构之间发生利益冲突之后的调处部门、调处程序等具体问题的规范性规定基本付之阙如，使得现有的解决机制缺乏法定性和公信力。

第四，缺乏统合型的纠纷解决机制。金融需求和供给的变化使金融服务出现了一体化趋势，[②] 互联网金融的创新发展更是加剧了这种趋势，各领域金融产品和服务的界限日益模糊，建立整个金融行业的统合型投诉处理机制是未来金融监管发展的必然趋势。

综上，我国互联网金融纠纷解决方式还未形成一个良性互动、功能互补、程序衔接、彼此支持的有机体系，致使实践中的纠纷解决方式各自为政。[③] 如何设计出一套专业的、确保实质正义的、对消费者倾斜保护的互联网金融纠纷解决机制，提高金融纷争的有效性和公正性，将金融裁决的专业性和行政力量的公信度有机结合，已经成为学界以及实务界共同关注的话

① 杨东：《论我国证券纠纷解决机制的发展创新——证券申诉专员制度的构建》，《比较法研究》，2013 年第 3 期。

② 陈雨露、马勇：《现代金融体系下的中国金融业混业经营：路径、风险与监管体系》，中国人民大学出版社，2009 年，第 75 页。

③ 刘同峰：《完善多元化纠纷解决机制的几点思考》，《法制与社会》，2012 第 2 期。

题。互联网金融纠纷的解决呼唤传统 ADR 的创新，而申诉专员制度（Ombudsman）提供了一个新的思路。

03 完善适用于互联网的金融纠纷解决机制——互联网金融申诉专员制度

一、金融申诉专员制度（FOS）是什么

金融是经济的中心，是社会进步的一大核心力。金融纠纷的有序解决以及金融整体的稳健运行，是社会创新管理的一个突破点。那么创新的动力何在？马克思曾经说过："人们奋斗所争取的一切，都同他们的利益有关。"看似冷酷的一句话却蕴涵了这样一个真理，即利益的充分表达推动了历史的前轮，使矛盾升起，又不断为解决矛盾探寻新的出路。

随着金融商品的复杂化和金融服务的专业化程度的加深，一般金融消费者越来越难以充分了解金融商品和服务的特性，如风险、报酬率等，处于信息不对称的弱势地位。这就需要金融机构将商品和服务的特性告知金融消费者，并进行说明。此外，在金融服务业的统合趋势下，一站式的金融服务为金融消费者提供了便利，但金融机构的大型化进一步加重了金融机构的强势地位和金融消费者的弱势地位。当双方出现纠纷的时候，由于经济实力、专业知识等方面的不对称等，金融消费者更加处于弱势地位，难以维护自身的合法权益。与其他对金融消费者保护的方式相比，笔者认为在纠纷救济时对消费者的保护尤为重要，因为这是对金融消费者保护的最后防线，是维护金融消费者权益的必要手段。从救济方式的选择来看，如果消费者与金融机构

发生纠纷欲诉诸法院，消费者首先须承担举证责任，其次还要承受高成本的诉讼费用和诉讼风险。可见，诉讼并非解决金融纠纷的最佳途径，必须寻求一种可以专门处理金融机构与金融消费者之间纠纷的方式，保障金融消费者的权益。相较而言，非诉讼纠纷解决机制的基本功能是以相对平和的方式解决纠纷，旨在减少对抗性，增加和解的机会，促进当事人之间的平等协商对话、平和地解决纠纷。

考虑到金融消费者与金融机构之间经济实力、专业能力不对等，为了妥善解决金融纠纷、保护消费者的合法权益，一些国家开始在金融行业里设置自律性的申诉专员（Ombudsman）制度，英国在2000年通过《金融服务与市场法》后，设立了统合银行、证券等多个领域的金融纠纷处理机构——The Financial Ombudsman Service（FOS），成为Omudsman制度运用于金融实践的典范。英国官方对于The Financial Ombudsman Service的中文翻译则为“金融舞弊调查服务部”，但考虑到ombudsman的职权，实为金融服务纠纷的审查裁决而非金融舞弊的调查，香港金融管理局对于ombudsman的翻译则为申诉审查员，笔者将其翻译为“金融申诉专员制度”。各国因其适用的金融服务领域或特定金融产业不同采用了不同申诉专员制度，例如，澳大利亚的银行及金融服务申诉专员（Banking and Financial Services Ombudsman，简称BFSO）、加拿大的银行服务及投资申诉专员（The Ombudsman for Banking Services and Investments，简称OBSI）、日本的贸易及投资申诉专员部门（Office of Trade and Investment Ombudsman，简称OTO）等。

金融申诉专员制度（FOS）以调解与裁定相结合的方式来解决消费者与金融机构之间的纠纷，为消费者提供了独立而且费用相适合的途径。

FOS一般首先是调解程序，在调解员的协助下，双方可建立及加强信任和共识，避免进入对立的诉讼。调解应尊重双方当事人的意愿，目的是要达成和解，令双方恢复良好的关系。此外，为了确保纠纷可以顺利解决，FOS

一般会有第二阶段的裁定程序，弥补单纯调解约束力上的不足。对金融机构而言，FOS也是非常有利的，由于受到保密原则保障，金融机构的商业秘密不会外泄，声誉也不致受损，而与顾客的长期关系亦得以维持。

在金融申诉专员制度（FOS）的具体运行中，体现出以下特点：（1）FOS是独立、中立的机构运作模式，为公司制或者独立财团法人制，具有运作的规范性、程序性。权力来源为行政权力或者行业自律的权力。因此，韩国金融监督院内设金融纠纷调解委员会并不是独立的中立的机构，其本身是行政机关的部门，偏重行政职能。（2）FOS制度具有“调处”的特点，FOS并非单纯的调解机构，调解只是其中的一个程序，希望双方能够不伤和气地达成一致。FOS虽然不是仲裁机构，但是却能做出公正的裁决，通过行政上的或者行业自律上的权力来发挥约束力，相对于仲裁更加灵活，费用也相对低廉。FOS体现了调解与裁定的合一性。（3）FOS的权力来源多样化，FOS的权力有的偏重于行政权力，有的偏重于行业自律，也有的通过协议来实现约束。在FOS不同时期，赋予其不同的权力形式以促进发展，实现行政性纠纷解决机制与社会自治机制之间的协调互动。（4）FOS具有规则性，有的国家的FOS依据一定的法律，有的依据行业规范或者法人自己的章程。（5）一般而言，金融机构内部纠纷解决机制为前置程序，一般采用金融机构会员制，有的强制加入，有的自愿加入，这往往决定FOS是否对纠纷有管辖权。（6）FOS裁定的效力对金融机构有约束力。对消费者没有约束力，在费用方面，FOS对消费者一般是免费或者是象征性收费。

一个高度文明的国家的实力不仅体现在经济能力上，也体现在民主法治这些软实力设施方面。如今，FOS制度在整个世界范围内正在迅速地发展，掀起了一股热潮。英国、加拿大、新西兰、澳大利亚以及日本、韩国等国家都设置了该制度，使得金融多元化纠纷解决机制得到了极大的发展。立法公平、法律本身的正义是社会公平正义的源头。社会公平正义的基本要求是社会各方面的利益关系得到妥善协调，各种社会矛盾得到正确处理。[①] 在社会的发展过程中，必然会产生各种社会冲突和社会矛盾，这是任何社会都无法避免的。尤其是在社会转型时期，各种冲突随着社会控制机制的减弱都会展现出来，这些利益如果得不到很好的解决，就会破坏社会的"自发的自我调节机制"，导致社会冲突的产生。[②] 一般的冲突可以通过传统的纠纷解决机制予以解决，如通过调解机制、仲裁机制或者诉讼机制。[③] 但是，如果一个社会的纠纷解决机制不健全，或者这个冲突非常尖锐，无法通过现有的纠纷解决机制予以解决，那么就会导致一些新的社会冲突，如大规模的信访、聚集等行为，如果事件进一步激化，就有可能导致大规模的群体性事件的发生[④]，酿成社会风险。

因此，在现代社会日趋呈现为"风险社会"的时代背景下，金融申诉专员制度作为新型的纠纷解决机制，有其独特的优越性，在解决数额较小、人数众多的金融纠纷中优势明显，时机成熟时还可以推广到纠纷性质类似的房地产、环境、劳务等领域的纠纷解决，以防范和降低社会风险，对于维护社会稳定、构建和谐社会以及社会管理创新具有深远意义。充分保障公民的尊严、法律权益和自由，是现代社会管理的最基本的目标和要求。如果不能实现这一目标，那么社会管理的正义、和谐、高效等都将成为奢望。[⑤] 同时，笔者认为，金融申诉专员制度在实现纠纷处理实质公平

---

① 张步洪：《促进社会公平正义的源头治理——以加强和创新社会管理为目标》，《上海政法学院学报》，2011 年 11 月。

② ［美］杰弗里·亚历山大著，贾春增等译：《社会学二十讲》，华夏出版社，2000 年，第 18 页。

③ 朱景文：《法社会学》，中国人民大学出版社，2008 年，第 169 页。

④ 秦强、郭星华：《风险社会中的集群行为——法社会学视阀中的群体性事件及其解决机制》，《黑龙江社会科学》，2011 年第 2 期。

⑤ 庞凌：《权利、自由与社会管理创新的切入点》，《法学》，2011 年第 10 期。

的同时，并没有以牺牲金融市场效益为代价，对处于弱势地位的投资者、存款人等金融消费者给予倾斜性保护，有效地满足了金融消费者获取救济以及金融机构快速纠纷解决的不同利益诉求，较好地实现了实质公平与提高效益之间的平衡，对于我国纠纷解决的社会管理具有划时代意义的创新性和前瞻性。

二、如何在我国导入互联网金融申诉专员制度（IFOS）

对境外代表性国家和地区 FOS 制度的比较分析可知，法制化是 FOS 建立和发挥作用的重要保障和基石。笔者建议我国应制定《金融消费者保护法》或《金融纠纷解决机制管理办法》《金融申诉专员制度管理办法》，导入 FOS 制度，对其他国家成功运行的立法实践中的共通因素加以借鉴和优化。

（一）立法完善

首先，各国的金融 ADR 制度，不管是英美法系国家，还是大陆法系国家，也不管是具有金融业自律传统的国家，还是金融行政监管色彩浓厚的国家，其共通点在于导入金融 ADR 制度过程中均进行了各种方式的立法和法制完善，将已有的实践和制度通过法制化的方式，尤其是对金融机构的限制性措施和义务加以合法化，从而确保顺利运行。

例如，英国在 20 世纪 80 年代，就已经开始倡导建立申诉专员制度，从 1981 年由保险公司自发成立第一家申诉专员（the Insurance ombudsman）开始①，英国在金融领域大力推广使用这一制度。自此，金融领域的申诉专员制度发展良好，并积累了丰富的经验。最终英国通过 2000 年的 FMSA，正式

① 阮友利：《论我国保险纠纷非诉讼解决机制的完善》，《中国保险》，2011 年第 1 期。

在法律中确立了 FOS 的地位，实现了从分业型到统合型 FOS 的转变。而澳大利亚从 20 世纪 90 年代开始出现了一些团体性的 ADR 机构，来解决金融机构与消费者和小企业客户间的投诉和纠纷，2001 年，澳大利亚通过《金融服务改革法》，把建立金融 ADR 作为金融机构的法定义务。

尤其是作为大陆法系国家的日本，采用立法的形式来提高 FOS 的效力，增加纠纷解决的权威性和高效性。2009 年导入的日本金融 ADR 制度是一种阶段性的制度，即为行业型的 FOS 制度，其目标是效仿英国，创设全面整合金融行业的、横向统合的 FOS 制度。日本计划在提高目前各金融行业纠纷解决机构能力的基础上，将指定纠纷解决机构进行合并，最终实现全面统合型 FOS 制度。金融服务法作为处理金融纠纷的基本法应加紧订立，对金融服务中双方的权利义务、金融机构的监管义务、金融机构的责任等在金融服务法中应予以详细的规定。金融申诉专员机构作为处理金融纠纷的场所，其要具体适用、考虑相关法律法规的规定，因此，金融服务法等相关法律法规是金融申诉专员机构处理金融纠纷的基础与前提。①

FOS 制度与调解制度存在本质上的差异性，但是为了早日导入 FOS 制度，可以在“大调解”的理念之下，将 FOS 作为专业调解的一种，先行实践，具体可以在《人民调解法》的大框架之下，制定《金融消费者保护法》《金融消费者保护管理办法》，导入 FOS 制度，区别于一般的调解等纠纷解决机制，构建特殊的金融专业调解制度。

（二）金融监督部门的积极参与

有了金融纠纷解决机制的相关立法后，还需要强有力的实施机构，需要金融监管部门的大力支持和参与。即使各国在 FOS 制度完善和其运营上存在

---

① 孔健：《论金融申诉专员机构的法律角色定位——以英国金融申诉专员制度为研究对象》，《经济与社会发展》，2012 年第 1 期。

一定程度的差异，但都能看到金融监督当局的积极参与。①

英国金融申诉专员中心（FOS）由金融服务管理局（FSA）根据《金融服务与市场法》（FSMA2000）中的《第17方案》（Schedule 17）授权成立，FSA负责FOS的组织结构以及对其进行监督。在英国，金融申诉专员制度经历了一个由保险申诉专员署（The Insurance Ombudsman Bureau，IOB）到金融申诉服务公司（the Financial Ombudsman Service，FOS）、由从业者自发组织设立到法律要求必须设立的变化过程。② FSA任免FOS的董事会主席和董事会成员（董事会主席的任免须经财政部的同意），对FOS是否发挥法律上的申诉审查功能进行监督。此外，根据FSA的相关规定，FSA有权批准FOS的预算、制定和批准FOS的管辖（Jurisdiction）规则、制定保障资金来源的规则等。并且，FSA有义务经财政部，对议会说明其保护金融消费者等目标的完成情况。另外，FOS虽由FSA设立，但其运作由董事会全权负责，具有独立性且不受FSA控制，但两者仍保持着密切合作的关系。③此外，将金融ADR制度纳入到金融改革立法中，可以说显示了金融ADR成为金融监督当局制定金融消费者保护政策的一环。

在澳大利亚，澳大利亚证券投资管理委员会（Australian Securities & Investments Commission，ASIC）实施并执行立法条文中有关金融市场、金融中介机构、金融产品等的规定。金融服务提供者原则上要获得ASIC的认可，也必须要遵守一系列义务。第一，公司要建立内部投诉处理程序，就是根据ASIC的标准构建的，并遵守ASIC制定或认定的标准。第二，要构建解决与零售客户（个人、小企业）之间的纠纷解决体系，包括建立公司内部投诉处

① 金融监察当局（英国的FSA、澳大利亚的AISC、韩国的金融监督院）的制度运作的相关程度，可以说是以澳大利亚→英国→韩国的顺序递增的。

② 阮友利：《英国金融申诉专员制度借鉴简析》，《上海保险》，2010年第10期。

③ Memorandum of Understanding between the Financial Service Authority and the Financial Ombudsman Services，July，11，2002。

理程序和加入一个以上外部纠纷解决机构。

我国应当通过立法导入金融 ADR 尤其是 FOS 制度，以建立起统一的金融纠纷解决机制。立法的支持是第一位也是最重要的，在条件成熟后，理应通过立法导入系统的调解裁决制度。当调解无法达成合意时，则由金融申诉专员直接做出具有单方面拘束力的裁决书，以求尽可能高效率地解决消费者权益受损的问题。因此，我国的金融纠纷解决机制的构建，必须在金融监管部门的领导和参与之下积极推进导入金融申诉专员制度（FOS），我国的 FOS 应为政府主导下的公益型、政策性机构，形态可以采用公司制，这也类似于依法成立的财团法人，兼具政府机构型、公司型、财团法人型三者的优点，是上述三种类型的完美融合。

（三）立法路径

从分业到统合，分阶段、分步骤实现以金融消费者保护为目标的多元化统合型纠纷解决体系。当前，各国构建统合型 FOS 制度的趋势日渐明显。除了英国、澳大利亚、加拿大以外，爱尔兰、荷兰、芬兰等国均已构建或者正计划构建横跨所有金融领域的统合型的单一 FOS 制度。笔者考察世界各国和地区的金融消费纠纷解决机制模式后，基于我国目前“一行三会”分业监管以及暂无统一的金融消费者保护立法的现状，笔者认为，首先在银监会、证监会、保监会的领导之下在各个金融行业里（比如各个金融行业协会）设立行业型的金融申诉专员制度（FOS）来解决各类金融消费纠纷，在提高各金融行业 FOS 纠纷解决能力的基础上，将各个行业的 FOS 进行合并，成立独立于各个金融行业协会的真正中立的 FOS 公司或团体，构建以金融消费者保护为目标的多元化的金融纠纷解决机制的统合体系，真正实现中立性、公正性之目标，最终实现我国金融市场的健康快速发展。

但是，在金融行业为主导的金融 ADR、纠纷解决体系下，可以考虑由中国人民银行出台部门规章《金融消费者保护管理办法》，在中国人民银行的体系范围下，各个央行分支机构设置一个统一的金融消费者投诉窗口，统合金融投诉处理系统，受理金融消费者的投诉之后，再由央行的各个分支机构分配整理给“三会”的各个地方派出机构。笔者在深圳、广州、西安的“一行三会”的分支机构调研时，了解到央行的地方分支机构联合“三会”的派出机构积极设置统一的金融消费者投诉窗口。在现阶段，由央行分支机构主导设置金融消费者的投诉处理窗口是可行的，为将来统合型 FOS 制度的构建打下良好基础。

总之，在金融业由分业走向混业的今天，为了在未来构筑起适用于整个金融业的纠纷解决机制，我国应当从现实出发，在对世界各国 FOS 制度比较考察和类型化分析的基础上借鉴其经验。由政府机构主导的 FOS，在民众逐渐建立起对新的纠纷处理机制的信心和积攒经验的基础上，将民间力量和资金与普通消费者对政府主导的纠纷解决机制的认可信赖相结合，逐渐建立起适合我国国情的统合型 FOS 制度。

第十六章

线上涉众型经济犯罪预警机制

01 为什么要建立线上涉众型经济犯罪预警机制

一、什么是涉众型经济犯罪

按照公安部的界定，涉众型经济犯罪是指涉及众多受害人，特别是涉及众多不特定受害群体的经济犯罪。涉众型经济犯罪并非刑法学意义上的类罪概念，而只是司法实践中对严重破坏社会主义市场经济秩序、严重侵害社会公众经济利益的一类犯罪的总称。也有学者将其总结概括为：发生在经济运行领域，以高额回报等虚假信息为诱饵，以众多不特定公众为侵害对象，非法谋取巨额钱财，严重破坏市场经济秩序并危及社会稳定，依照刑法应受刑罚处罚的行为。[①]

公安部对危害广大金融消费者利益的涉众型经济犯罪的 16 种形态做出具体描述，其主要包括非法吸收公众存款、集资诈骗、传销、非法销售未上市公司股票等犯罪活动。例如：未经中国人民银行批准，擅自开办储蓄业务；具有吸收存款业务资格的金融机构，违反国家利率规定，擅自变动储蓄存款利率吸收存款；不依托于商品买卖，而是通过发展会员、收取高额入门费等手段维系运作，进行“拉人头”传销等。[②] 另外，在证券犯罪、合同诈

① 孟庆丰：《涉众型经济犯罪问题探讨》，《公安研究》，2007 年第 11 期。

② 公安部就打击防范涉众型经济犯罪与网民在线交流，http：//www.gov.cn/gzdt/2006-12/28/content_482306.htm。

骗犯罪、假币犯罪、农村经济犯罪活动中，也有类似涉众因素存在。

目前来看，涉众型经济犯罪的共同特点主要有：一是涉案地域、对象、领域、主体均相当广泛；二是涉案金额巨大；三是手段具有极强的欺诈性，虚假承诺，常常以看似合法的形式进行掩护。四是犯罪组织十分严密；五是危害性强，涉众型经济犯罪不仅侵害了市场经济秩序，而且严重危害国家经济安全。受害金融消费者在追讨无望时，容易引发群体性事件。

二、构建线上涉众型经济犯罪预警机制的现实背景

涉众型经济犯罪的发生有着深厚的社会经济背景和复杂原因。近年来，随着金融市场的发展，通过保险、证券、基金、银行理财产品等投资渠道配置资产、取得比传统银行存款更高收益的社会民众越来越多。特别是随着互联网金融的发展，金融市场中产品种类越来越多，银行理财、信托基金演变成各种“宝”类的互联网货币理财基金、P2P 网络借贷、股权众筹等金融投资类网站如雨后春笋般涌现，但其中鱼龙混杂，概念翻新，使人眼花缭乱。同时，打着合法的经济行为作为幌子的经济犯罪，在各种“投资公司”“资产管理公司”“私募基金”“股权投资”等名号下，经常以承诺高收益、高回报的办法骗取资金。

线上涉众型经济犯罪难以侦破的原因在于：一方面，因其涉案人员众多，行为分散，取证和处理难度较大，如果过晚介入，案件的爆发往往是因为资金链已经断裂，不法分子已经卷款而走，给破案、追赃造成极大困难，受骗金融消费者因此往往指责政府不作为，成为各类上访的由头；另一方面，如果过早介入，由于危害结果的发生相对滞后，难以取证，公安机关很难界定其犯罪的性质，虽然这样能及时摧毁和终止骗局，但不法公司此时仍然在兑付高额“利润”，金融消费者很难识别不法公司的真面目，公安机关

的执法行为造成受骗金融消费者无法获得预期利益，引发受骗金融消费者不理解、不配合公安机关的过激行为，同样不利于社会稳定。因此，有必要建立线上涉众型经济犯罪的预警机制，尽早发现犯罪苗头，控制犯罪趋势，把握介入时机，保护金融消费者合法权益。

02 完善预警机制将互联网金融犯罪消灭于萌芽期

一、加强社会综合治理

涉众型经济犯罪的行为人，为了使犯罪行为能够顺利地实施或者隐藏自己的犯罪行为以逃避监管，通常会借助于其他的违法犯罪活动。对于互联网金融领域的涉众型经济犯罪，在犯罪前期，一般伴随有或是冒用他人的身份在银行开户或注册公司，或是虚构项目标的，或是夸大收益率，或是伪造政府文件、公章，或是违法设立网站等。加大此类问题的社会综合治理力度将有效预防涉众型经济犯罪的发生。在犯罪的中后期，为了转移非法所得或者掩饰、隐瞒违法所得收益的来源和性质，则通常通过地下钱庄、投资公司或者上市流通等渠道将实质上为非法所得的财产变为形式上合法所得的行为。

涉众型经济犯罪的完成不仅仅是自身的违法犯罪行为，它带有综合其他违法犯罪行为的特征。而这些带有帮助性质的非法行为往往能够从侧面反映涉众型经济犯罪的特征，两者在地域分布、发展态势方面都有密切的联系，分析这类非法行为的地域分布特点和发展态势，作为预警预防机制的监测内容之一，也能预估不同地区案件的发生率。

二、强化线上监管巡查

互联网信息技术的发展在当下与社会经济联系最紧密的一点便是互联网金融服务产品的不断创新，然而风险伴随机遇同比例上升，网络传销、P2P以及股权众筹等形式的非法集资、网络远程诈骗等案件层出不穷，花样翻新，危害范围不受地域空间限制，危害人群向不特定多数人发展，打击难度增大，社会危害严重。犯罪形式从网络直销购物、网络股权投资、网络加盟创业，到网络游戏联盟、网络慈善基金、网络远程教育等形式，更具有虚拟性、欺骗性、隐蔽性的特征。此外，网络巡查负责方还应及时检测非法搭建的各类赌博、汇款、支付网站，及时追踪其背后的发起人身份与账户信息并与预警监控系统联网信息比对，进行先期的犯罪封堵，防止网站运行至下一阶段开始进行宣传与设立分支。特别要在巡查中注意的是要对原始信用记录异常的自然人或者企业法人在异地设立公司并建立网站进行预警记录，防止其死灰复燃，诈骗金融消费者或加盟者钱财。

三、完善信息联网建设

线上涉众经济案件很大程度上是利用目前监管系统的信息不对称，披着合法“外衣”，或是“打一枪换一个地方”，改头换面又开始利用新的互联网金融平台或企业实施新的经济犯罪行为。因此，健全企业和个人信息基础数据库，完善社会征信体系是关键。这可使涉众型经济犯罪无处可匿，让一个人难以伪装自己的身份，实施过违法犯罪行为后会成为重点监控对象，提高其违法犯罪成本。

此外，信息化大数据时代，数据分析的重点并不仅是个案要素的查询，更重要的是后台全数据库的分析、比对，从而用信息化的手段梳理出整个犯罪网络的人流、物流、资金流、信息流的完整架构。因此，这就需要在信息联网的基础上更进一步，聚合信息、技术、情报、网络安全等部门的全部信息资源、技术手段和人才，共同打造一个涉网经济犯罪实战分析研判平台，依托后台数据库和大数据分析工具，更高效地从简单信息入手，关联分析涉网经济犯罪整个架构，为打击整个犯罪网络提供情报信息支撑。

四、规范媒体宣传

涉众经济案件多利用媒体大肆进行宣传造势，或请社会名流、著名学者站台背书，或铺天盖地进行广告宣传，以此扩大知名度与影响力，赢得金融消费者的信任，尤其是目前自媒体崛起，利用微博、朋友圈等进行欺诈宣传的屡见不鲜。因此，一方面，不仅要注重电视、网络、广播、宣传栏等公共媒体的监督规范，也应加强自媒体涉及互联网金融的广告监测监管；另一方面，也应严厉查处涉及广告设计、制作、发布虚假违法金融广告或类金融广告产业链上的各个环节。

五、加强金融消费者教育

加强金融消费者教育，让金融消费者有效甄别涉众型经济犯罪，参与到涉众型经济犯罪预警机制中来，使公民举报成为预警机制一个重要且有效的组成部分。

此外，从根源上说，涉众型经济犯罪频发的原因之一就在于犯罪分子利用了金融消费者投机逐利的思想。逐利本身并没有错，但过度投机则往往容易成为犯罪分子的欺诈对象。作为经济活动的参与者，金融消费者本身具有一定的鉴别并承担风险的义务。只有超出了金融消费者审查能力范围的行为或者法律特殊规定违反法律标准的行为才受到法律的制裁，否则需要公民自己承担责任。相反，倘若金融消费者具有足够的鉴别能力，受骗的人越来越少，也就从本质上杜绝了案件的发生。因此，加强金融消费者教育是预警机制最为有效的方法之一。在金融消费者教育中普及的不仅仅是需要警惕的犯罪手段，更是不会凭空获利、风险自担的投资思想。但金融消费者教育具有长期性、见效慢的特点，因此应在短期内做好其他几项，教育是长期战略。

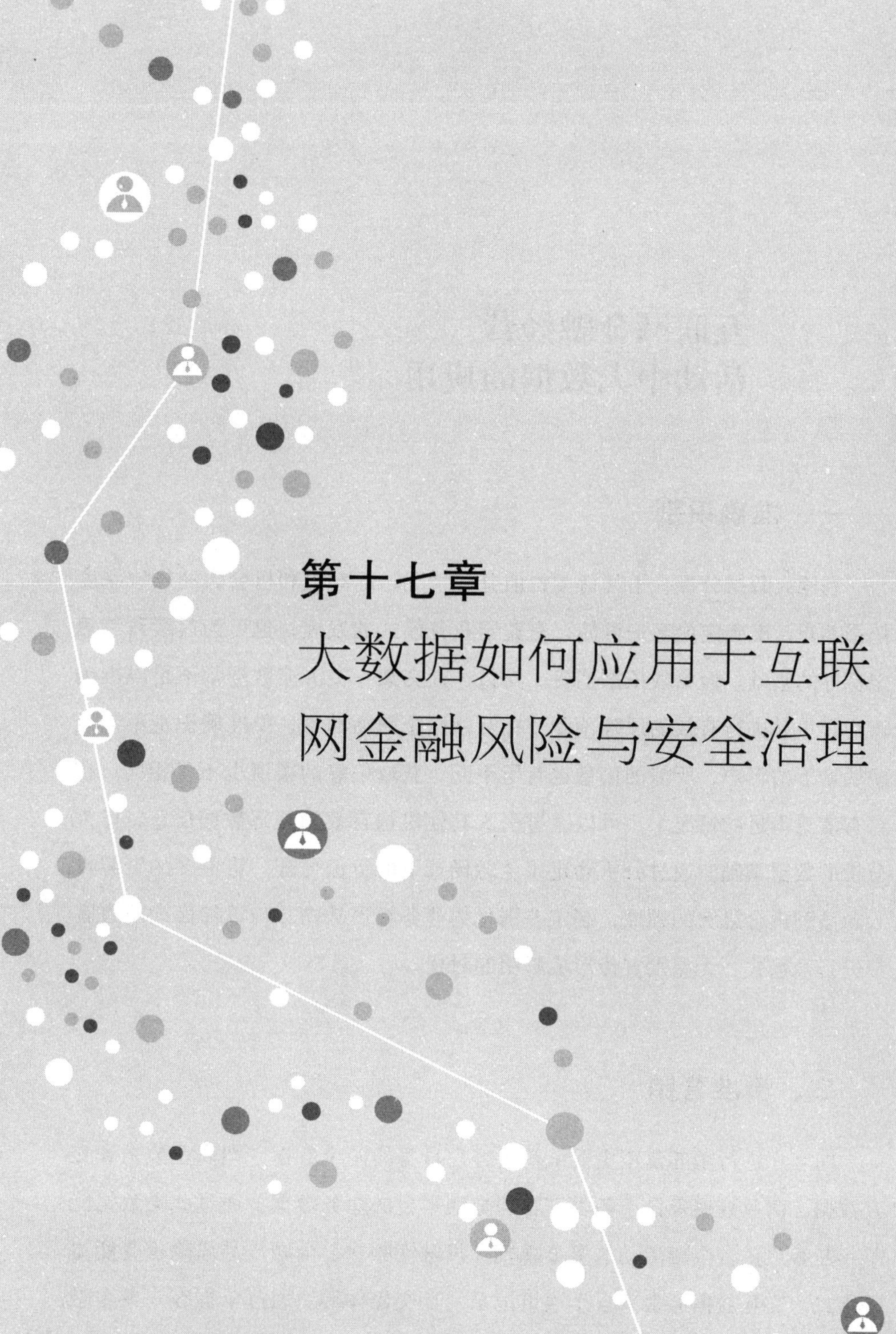

第十七章 大数据如何应用于互联网金融风险与安全治理

01 互联网金融经营活动中大数据的应用

一、准确识别

利用大数据分析，了解行业价值分配情况，针对盈利机会大的领域深度挖掘客户，准确定位客户群体，有益于业务模式的发展，也可为后续营销奠定良好的基础。但单独依据消费、支付、社交某一类沉淀数据都不足以准确识别客户并进行有效的风险预测。在互联网金融活动中，要准确识别不同金融场景下的客户，所需的信息也有所不同，获取信息的渠道也不尽相同。在自有信息不足的情况下，可以通过引入其他机构有效的外部数据信息，作为分析的数据基础。通过分析确定该金融场景下的价值分配，将更多的资源投入到盈利机会最大的领域，制定差别化的业务拓展战略。与以往面向所有客户进行地毯式、无差别宣传形成鲜明的对比。

二、精准营销

向客户进行精准营销主要依赖于客户自身的两个数据，即商业数据和交互数据。商业数据来自于各类互联网金融平台的业务数据，通过此类数据能够判断客户正常金融活动的资金规模、投融资频次、金融产品风险承受能力等信息。交互数据通常来自于通讯记录、社交媒体等。通过掌握客户在金融产品选择时咨询和关注的问题，通过社交媒体了解客户转发、点赞、评价金融产品类型，能够更多维度地确定客户对金融产品的喜好及风险偏好。经过海量的数据分析，梳理出客户的商业数据和交互数据，对于向客户精准营销，如有针对性地推送金融产品广告，通过电话回访向客户提供已购金融产品的关键信息，以及将普通客户培养成活跃客户具有重要意义。

三、风险管理

利用大数据进行风险评级和风险管理是互联网金融的发展趋势。用大数据进行互联网金融风险管理主要体现在征信和反欺诈两方面。

（一）大数据征信

目前我国的征信系统数据主要从央行征信系统或具有征信牌照的第三方征信机构处获取。前者是通过商业银行等对接央行征信系统机构上报的数据，结合身份认证中心的身份审核，提供企业、个人的信用情况报告。本人和办理业务的银行可以查询，其他征信机构和互联网金融企业不能直接进行查询。后者是市场自发成立的各具特色的征信系统。大企业通过大数据挖掘，自建信用评级系统。例如阿里巴巴、京东通过自身大量的电商交易数据以及支付信息数据建立了信用评级和风控模型。

大数据征信的基础数据主要来自各大平台，通过互联网技术抓取或接口对接获取征信机构数据。虽然各类互联网平台数据权威性不如央行征信机构数据，但是数据来源广泛，类型多样，不局限于信贷数据，能够更全面地反映企业或个人信用情况。对于互联网金融企业而言，央行征信机构的覆盖范围与互联网活跃用户群体有所出入，无法全面、有效地反映借款人在非银行机构间的信用信息，并且对接央行征信机构对企业的资质门槛要求较高。目前第三方征信机构的数据完整性不同，主要应用于互联网金融中的 P2P 平台、小贷公司、担保公司等，为其提供重复借贷查询、不良用户信息查询、信用登记查询等多样化服务。为了更好地降低互联网金融风险，促进行业健康发展，大数据征信将会越来越重要。

（二）大数据反欺诈

互联网金融这片沃土聚集了大量的资金，对犯罪分子来说也是极具诱惑力的，尤其是高科技犯罪，最常见的欺诈方式是盗号、刷单、木马攻击等。这给交易和管理基于线上的互联网金融企业在保障资金安全、防范网络欺诈方面提出了更高的挑战。运用大数据分析对保障系统信息安全，提前发现信息系统的异常情况，起到了有效的监测预警作用，包括对入侵行为和攻击行为、数据泄露和资金流向监控等。实现用大数据定位信息系统异常，需要确保有足够全面的数据被详细记录在系统行为日志上，能够从日志内容上区分正常行为和异常行为。异常行为无论从表面上看显得多么正常，总是在细节上与正常行为有差异。针对不同的信息系统以及不同的监测目标，应该选用恰当的分析方法。通过大数据分析进行反欺诈，不仅能够预防并抵挡病毒的侵入、防护墙的攻击，还能够对客户的行为进行检测，做出信用评估，锁定危险访问用户，杜绝可能成为欺诈方的用户来源。

02 大数据在互联网金融涉众型经济犯罪预警机制中的应用

一、建立信息共享机制

信息共享是涉众型经济犯罪预防预警机制的基础环节。防范打击涉众型经济犯罪不能光靠群众举报，更应在互联网金融经济活动中发现异动的时候及时发现，这就需要广泛整合数据资源，打破现有的信息壁垒。目前公安机关掌握涉案经济犯罪的情报信息以及人口、住所、社会关系网等个人身份信息。银行和非银行金融机构以及其监管机构能够核查经济主体的贷款状况、证券领域异常波动信息、骗保及理赔异常信息、个人不良资信信息等。工商管理部门能够监测经济主体注册登记中的异常信息。会计师、审计师事务所等中介组织能够监测经济主体经营情况异常信息。新闻媒体对于承诺短期内高回报率的投资产品宣传要持谨慎的态度，避免不实宣传误导投资者。各单位的数据情况自己把握，没有形成有效的融合，没有发挥数据本身应有的价值。国家安全机关应协调各单位，建立联系机制，汇总各方数据，构建国家金融安全数据中心，搭建犯罪信息共享的云数据库。

当然在构建数据中心的过程中，要充分考量信息联网技术的复杂以及数据中心的安全保护措施，并且其中可能会涉及国家秘密部门的权限和责任，这就要求国家安全机关制定有具体实践价值的信息收集制度。例如针对法人机构的数据信息上传及披露应通过专有数据网络通道，通过加密数字证书保障数据的安全传输。例如针对各国家机关的信息共享，根据各机关的数据组成结构有选择地汇总，并设置分段定时汇总制度。

二、构建风险防控平台

信息的联网和数据的收集非常重要，但最重要的还是分析、研判。大数据技术和云计算的出现使得对多元化大容量信息数据的处理不再遥不可及。公安机关建立数据不断流动、信息不断更新、能够实时分析研判的涉众型经济案件风险防控平台，是建立互联网金融业涉众型经济犯罪预警机制的最重要环节。

关于互联网金融涉众经济案件，大数据分析的重点并不是对已发个案的要素查询，更重要的是对该行业全数据库的分析、比对、碰撞。运用大数据分析手段梳理出犯罪网络的人流、物流、资金流、信息流等信息，从中发现可疑线索，筛选风险预警要素，结合行业特点，建立风险预警模型；并根据已发案件的各维度信息对风险预警模型进行反复试验，根据数据通过情况不断完善风险预警模型，提高可疑线索的判断准确性。

风险预警模型能够对犯罪动态信息进行实时分析，通过对不断更新整合的行业数据分析，提前发现敏感信息，有针对性地锁定异常经济活动，实现对互联网金融行业风险的预先处置和有效防控。

三、建立统一的犯罪线索管理系统

对于有效地处理互联网金融涉众型经济案件，减少被害人的经济损失，除了加强案件预防工作以外，提高办案效率和质量，严重打击犯罪行为，严惩不法分子是对互联网金融涉众案件最有效的警示。

依据现有信息，建立统一的犯罪线索管理系统，实现犯罪线索全警录入、可疑信息自动搜集、平台研判、统一流转下发、及时核查打击、研判反馈以及线索流转全过程实时监控等功能。通过线索管理系统大范围、高密度发布，提高办案效率。

通过建立国家安全数据中心，构建犯罪案件风险预警模型，建立犯罪线索管理系统，利用大数据技术，完善互联网金融涉众型经济犯罪预警机制，提高犯罪案件的办理效率，实现了从案件预防到案件办理全过程的提前介入、实时打击，从而达到遏制犯罪结果的发生、减少受害人的经济损失的终极目标。

03 大数据在金融统计监测管理体系中的应用

大数据对金融统计监测管理体系建设具有重要意义。金融统计监测管理数据集中系统是“十一五”期间中国人民银行重点信息化建设项目，是金融统计数据采集、编制、发布、共享的重要业务平台。自2009年正式运行，很好地实现了数据集中、规范采集、信息共享的建设目标。① 目前，中国人民银行已将互联网金融统计纳入金融业统计体系。

中国人民银行将对互联网金融的其他业态开展监测统计，包括互联网支付、网络借贷、股权众筹融资、互联网基金销售、互联网保险、互联网信托和互联网消费（当前的统计重点还是风险较大的领域和业务，如网络借贷、股权众筹融资及客户资金第三方存管等）。监测数据一部分从“一行三会”共享得到，也会委托中国互联网金融协会代为采集，还会利用现代化手段直接从企业网站上获取。

互联网金融统计数据采集指标主要分为两个层次，一是互联网金融业务总量数据，包括机构的基本信息、资产负债信息和损益信息、各类业务总量信息和产品风险信息等；二是部分业态逐笔明细数据，如P2P平台投资人和融资人信息、贷款项目信息、股权众筹融资项目信息等。对于部分互联网企业的客户备付金和风险准备金等信息，也将予以统计。②

中国人民银行建立互联网金融统计监测体系，旨在对互联网金融这一新

① 牛娟娟：《围绕宏观调控大局完善金融调统体系》，《金融时报》，2011年3月14日。

② 盛松成：《关于互联网金融统计监测体系的建设》，《金融时报》，2015年12月3日。

兴业态进行金融风险的监测与控制，通过数据的采集和分析，了解该行业各细分业态的市场规模、交易增长，最终结合各平台的特点形成有效的信息披露标准和相应约束手段。

04 大数据在工信部互联网金融行业管理中的应用

我国国家计算机网络应急技术处理协调中心为服务互联网金融行业管理工作，以其自有技术和数据资源为基础，自2016年3月开始研发“互联网金融风险分析技术平台”，至2016年5月底已完成原型系统建设。该平台的建设主要依赖于互联网金融行业的网站数据资源以及大数据分析技术。通过对接互联网金融网站，对网站采集数据、分析数据，最终实现对互联网金融活动从事前摸底到事中监测，再到事后跟踪，全流程风险防范与控制体系的构建。

一、事前摸底

建立互联网金融行业大数据资源库，了解行业正常经营方式，为监管部门提供基础信息支撑是建设互联网金融风险分析技术平台的最基本要求。

在互联网金融活动中，网站作为互联网金融行业的“市场”，为金融产品提供了展示平台，为客户提供了交易平台。网站上详细记录了金融产品、客户、网站本身三个层面的数据信息。其中金融产品信息包括产品资产配置结构、产品交易情况；客户信息包括在网站上注册的基本用户信息以及支付过程中的账户信息；网站本身详细记录系统架构、安全策略以及对接的存管银行和支付机构信息。在日常网站巡查过程中，能够从已经对接的网站详细采集到上述数据，建立互联网金融基础资源库，再通过大数据分析技术了解用户群体的年龄、性别、工作、账户以及金融产品偏好、风险承受能力，金融产品资产与资金的配置情况、交易状态、售后资金流向以及网站系统安全情况。梳理出正常金融活动所对应的各项数据标准，这为后续监管与跟踪提供了重要的基础保障。

二、事中监测

互联网金融交易实时发生，数据更新不断，信息流转不停，管理的滞后，就意味着风险的超前。因此，依据已有的数据资源库对网站进行实时监测分析，以正常经营数据为衡量标准，才能够真正做到在互联网金融活动中监测网站的运行异常、资金异常、舆情异常、网络安全异常，实现事中监测，风险预警。

三、事后跟踪

针对出现异常的网站，加强监控和跟踪，尤其对涉众型交易行为进行监测和跟踪，对风险的有效防范以及减少异常金融活动所带来的损失具有重要意义。

建设并完善互联网金融风险分析技术平台，依托事前摸底、事中监测、事后跟踪三部曲，为服务互联网金融行业管理，及时发现互联网金融异常并进行有效分析做出了巨大贡献。

第十八章

互联网金融风险治理技术优化新方案：区块链

01 区块链的内涵及其特征

区块链与比特币联系紧密，它最初作为比特币的支撑技术而产生。区块链是一种数据库，它运作的机理是将所有的点对点交易历史都记录存储在一个区块中，而每一个区块又是通过密码学签名与下一个区块“链接”起来，当交易数据被存储到一个区块后，交易将得到初步确认。当区块链接到前一个区块后，交易将会得到进一步确认，当交易连续得到 6 个区块确认之后，这笔交易的历史记录将不可逆转地得到确认。区块链在网络上是完全公开的，其实质是赋予任何有足够权限的人之间进行共享与协作的机会，从而形成一种“分布式账本”——这种公共账簿每个人都能审查，但没有一个人能够单独控制。

区块链技术应用于数字货币网络平台的搭建和应用，被称为 Blockchain 1.0，当下区块链技术正在被深入开发和广泛应用，影响更为深远的 Blockchain 2.0 时代正在开启，区块链技术的出现对于互联网技术是一次意义非凡的革新与优化。《经济学人》杂志认为区块链技术是一种新型的“信任机器”（the trust machine），即区块链技术重塑了传统互联网建立起来的信任机制，通过它“去中心化”的最大特点，让相互之间没有信任感的陌生人能在无中立的权威第三方条件下进行协作，此种在互联网虚拟空间内无中介构建陌生人之间信任的机制，本质上也是互联网精神的真正体现。

同时，区块链具有如下特征：（1）极高的可靠性与实用性。区块链的可靠性源自其技术架构，一般而言，每个区块都由一个开放的用户群共享，其中某单一节点故障并不会造成其他节点上信息的缺失，也不会对区块链上正在进行的金融交易由于信息传输产生干扰。（2）透明化程度高。区块链网络中的任何数据更新都会被同步到整个区块链中，任何单一网络节点都可以查询到整个区块链上的数据记录，使用者能够实时获取区块链网络上的全部数据，通过这样的运行机制来确保利用区块链进行交易的信任基础，消除信息不对称的现象。（3）区块链上存储的记录具有不可逆与不可篡改性。这项特征将有效降低交易中的欺诈风险，当新的数据写入新的区块后，新生成的区块会将新的数据记录复制到区块链的全部区块中，这个过程不可逆转，因此便具有不可撤销的特征。（4）数字化特征明显。所有的文件或资产都可以通过数字代码或分类账的形式呈现在区块链当中，只要对区块链上数据程序进行设置，智能合约及自动交易就能在区块链上实现。

02 互联网金融监管重构的技术探索：区块链技术

区块链（Blockchain）技术是互联网技术进一步发展的产物，它是一个基于计算机代码构建的分布式记账，在区块链上发生的所有交易都会被忠实记录。①

区块链中的每个节点如同人体细胞一样，都可以将其记录的数据在网络上实时更新，每个参与更新的节点都能够复制获得一份真实、完整、准确的数据库备份，这就构建了没有中心存在的分布式数据库。这种分布式的数据

① 蒋润祥、魏长江：《区块链的应用进展与价值探讨》，《甘肃金融》，2016 年第 2 期。

库可以在无须第三方介入的情况下，实现人与人之间点对点式的交易和互动。同时，数据一旦被写入区块就不能被撤销，在一定时间内该区块中的信息将会被复制到网络中的所有区块，实现全网数据的同步。区块链建立在互联网的基础上，任何接入互联网的端口都可以接入区块链。①

区块链技术在金融领域的潜在应用主要体现在以下三个方面：第一，点对点支付；第二，多方交易，即通过技术构建交易过程中的信任基础；第三，市场，包括任何形式点对点交易实时划转的清算交易，以及金融衍生品“智能合约”实现头寸自动调节的开发等。

区块链在金融领域的应用给传统金融带来了巨大变革和挑战。基于区块链技术方便快捷、去中心化、安全性能高、成本低廉的优势，美国的纳斯达克目前已经采用区块链技术处理私人证券市场的股票交易。此外，伦敦证券交易所、伦敦清算所、花旗银行、法国兴业银行、芝加哥商品交易所等20多家全球大型金融机构也开始采用该技术，并着手组建区块链联盟。

区块链交易系统是一种互联网化的场外交易系统，是一个发布投资者证券买卖委托、连接各个参与者及其他市场的基于互联网区块链的互联互通系统。从交易流程来看，参与者在区块链系统上开户即可获得区块链私钥，然后通过私钥和对应的公钥即可参加在区块链上开展股权融资份额转让交易，获得份额即时报价、接受咨询机构的信息服务、下达委托指令、清算、结算和交割等各个环节完全在区块链系统上进行，具有数字性、无中介、透明性、高效性、低成本性、不可伪造性等特点，这使投资者突破了时空的限制，任何时间和地点都可以进行投资。

美国的纳斯达克除了已经尝试将区块链技术运用到私人证券交易中以外，还应用到管理代理投票系统当中。这种全新的方式将代理投票放在区块

---

① 秦谊：《区块链冲击全球金融业》，《当代金融家》，2016 年第 2 期。

链提供且永不可更改的公开账本之上，投票者可以通过手机来进行投票，并且记录还能被永久保存。另外，纳斯达克于2015年年底首次用区块链技术完成和记录了一项私人证券交易，区块链技术在资本市场中可以减少结算和清算的时间，降低交易对手的风险。

根据区块链的技术特征，它同时具备颠覆和优化当前法律规范的可能，典型的例子是将区块链技术运用于公司股东股权登记与证明之中。除了上市股份公司以外，《公司法》赋予非上市公司在股权（股份）登记确权形式方面的极大自由，即由公司发行股票或者置备股东名册来对股权（股份）进行最终证明，由此区块链技术也具有了在公司股权登记中发挥最终证明作用的可能。

区块链技术运用于公司股权登记中，实质上是一个将以前提供公信力的第三方去中心化的过程，公司股权的登记及其变动的公信力不再依靠第三方来提供，而是依靠全体参与者来共同维护这一套登记系统。这不仅体现了民商法中自治的精神，还具有及时性、低成本、避免单点崩溃风险等优势。未来随着区块链技术的不断完善，其将不仅适用于非上市公司股权登记，还可能拓展到上市公司股权登记，取代现有中央证券结算清算系统，从而更为彻底地“去中心化”。

在传统金融的技术条件下，对于金融中不当行为的审查和规范只能依靠频繁的审计来完成，降低金融效率，提升成本。引入区块链技术后，充分利用区块链的不可篡改性及其账本的共享、公开、透明，简化账本上的数据审核过程。同时，区块链上每一次交易发生之后，交易信息随即发送至全网，不当行为将在其发生之后立即被获知，而不是像传统金融需要等到下一次审计之后。今后借助“智能合约”技术，通过将法律和监管规则数字化成代码，作为前置条件，写进每一个电子交易合同，也将提升监管的渗透度，优化监管的模式和效率。①

① 穆琳等：《区块链：传统金融“攻城狮”》，《当代金融家》，2016年第7期。

03 区块链技术在互联网金融风险与安全治理中的应用

基于无须中心信任、透明度高、不可逆、数字化、加密安全等特征，区块链在互联网金融领域应用前景广阔。它有助于完善风险与安全治理措施，极大地降低互联网金融交易成本，提升交易效率，保障金融消费者合法权益。

一、区块链在 P2P 网络借贷风险与安全治理中的应用

第一，区块链的特性之一是链上各方共同参与账本信息维护，保证写入区块链的数据不可篡改。区块链不可篡改的特性可以确保数据的真实性，不仅借款人不能造假，平台也不能伪造数据。

第二，区块链的分布式共享特性，对于监管机构而言，只要成为其中一个节点，就可以对 P2P 平台的信息了如指掌，大大降低监管的难度。

第三，数据的共享还能为各 P2P 平台提供征信数据，在达成共识的情况下，P2P 平台甚至可以参考借款人在其他平台的借款、还款情况来对借款人进行授信，降低平台运营成本。

第四，《网络借贷办法细则》规定，同一自然人在同一网络借贷信息中介机构平台的借款余额上限不超过人民币 20 万元；同一法人或其他组织在同一网络借贷信息中介机构平台的借款余额上限不超过人民币 100 万元；同一自然人在不同网络借贷信息中介机构平台借款总余额不超过人民币 100 万元；同一法人或其他组织在不同网络借贷信息中介机构平台借款总余额不超

过人民币 500 万元。将 P2P 平台和相关部门纳入一个联盟链，通过加密的方式将各方数据共享，从而确保借款金额不超过监管“红线”。

二、区块链在股权众筹风险与安全治理中的应用

利用区块链不可篡改的特性，众筹平台可以公开众筹过程、执行情况、众筹结果等，写入区块链的众筹数据可以作为监管机构及多方监督的重要依据，促进合规化经营。

投资人完成股权登记后会获得区块链资产凭证，通过该凭证标识码在区块链交易查询服务平台处可查询完整的交易历史及交易要素（包括资产类别、资产数量、所有权属性等）。区块链的分布式总账本不受任何机构或组织控制，全体投资人共同维护账本，大大提高平台的透明度及公信力。

区块链技术在信息披露方面能够解决很多平台在虚构资产、隐秘交易方面的违规行为。因为所有的数据可追溯，而且任何节点都不能篡改或者隐瞒数据，对参与各方形成有效约束。众筹平台还可将重大事项签订的意向性协议、投资协议、股东名册等法律协议写入区块链中，该部分协议通常对保密性要求较高，非协议涉及关系人没有权限访问区块链中的敏感信息，当需要提供证据支持时区块链中的相关文件可作为法律承认的证据。众筹成功后，项目方可以作为发布方向股东发放数字股权证书，该证书系统是基于区块链设计的。基于此项目方可以对股东动态实时追踪，间接为股权的即时转让提供了可靠的技术支持。

此外，区块链也有助于加强场外股权交易监管。股权投资风险较高，监管机关目前对股权投资、场外私募股权的监管较为薄弱。监管机关可以利用区块链对行业进行实时动态监管，这将对行业起到很好的规范作用，促进行业健康发展。

04 区块链与公司股权登记

根据区块链的技术特征，它同时具备颠覆和优化当前法律规范的可能，典型的例子是将区块链技术运用于公司股东股权登记与证明之中。在当前中国公司法的语境下，公司的类型主要分为股份公司和有限公司，股份公司的股东持有股份，有限公司的股东持有股权，股份公司中根据是否上市又分为上市股份公司和非上市股份公司。上市股份公司的股份登记在“中国证券登记结算有限责任公司”（以下简称“中证登”），非上市股份公司的股份，根据公司法的规定，公司发行的股票为股东的权利凭证，不需要通过诸如“中证登”或工商登记等第三方机构来确权，而是依靠公司置备的股东名册来确认股东权利。至于公司股权在工商进行登记更多起到的是一种对外公示的功能，主要目的在于对抗第三人而非起到最终的确权作用，其法律依据为《公司法》第 32 条：“……公司应当将股东的姓名或者名称向公司登记机关登记；登记事项发生变更的，应当办理变更登记。未经登记或者变更登记的，不得对抗第三人。”综上，除了上市股份公司以外，公司法赋予非上市公司在股权（股份）登记确权形式方面的极大自由，即由公司发行股票或者置备股东名册来对股权（股份）进行最终证明，由此，区块链技术也具有了可以在公司股权登记中发挥最终证明作用的可能。

民商法突出的私法属性所表现“法无禁止即可为”的理念，使区块链作为一种特定形式的电子账本完全可以自发地由公司来选择使用作为其置备股东名册载体，区块链账本更具不可篡改性和极高的公信力，甚至让为了对抗第三人而需在工商局登记股权信息的行为变得多余。

随着当前中国市场化改革的步伐逐渐加快，出于符合市场经济条件下的私法原理——权利的移转依靠当事人的意思自治而非依靠公权力机关对移转行为再次确认的考虑。具体来说，区块链技术运用于公司股权登记中，实质上是一个将以前提供公信力的第三方去中心化的过程，公司股权的登记及其变动的公信力不再依靠第三方来提供，而是依靠全体参与者来共同维护，这不仅体现了民商法中自治的精神，还具有及时性、低成本、避免单点崩溃风险等优势。未来随着区块链技术的不断完善，其将不仅适用于非上市公司股权登记，还可能拓展到上市公司股权登记，取代现有中国证券登记结算系统，从而更为彻底地“去中心化”。

05 区块链+法律

区块链对于现行法律规范、法律体系的变革与创新根源于其技术架构重构出的信任机制，此种信任机制使得传统交易中的法律关系或结构得到简化。例如在淘宝平台上的C2C模式下，为了在陌生的买卖双方建立起一定的信任机制而引入第三方的支付宝来提供信用保证，以确保交易安全和消费者权益保护。但区块链技术的意义在于无须第三方的参与便能确保交易的顺利及安全。

在民事诉讼领域，“互联网+”的影响下为了适应证据立法的需要，在民事诉讼证据种类中添加了互联网的元素。例如在最新的《民事诉讼法》中新增“电子证据”这一种类，但是互联网上“电子证据”的可采性及其认定仍然是审判实践中的难点之一。互联网上的数据、信息量大，并且经过一定技术处理的“电子数据”仍然可能出现“失真”的现象，因此，区块链技术的不可篡改特性，将可以缓解民事诉讼“电子证据”所面临的这一困境。另外，目前在民事诉讼领域出现的一些举证定责难的情况，可以利用区块链技术记录下每个步骤，帮助司法机关认定具体的责任人。

附　录

高礼研究院简介

高礼研究院定位于“大学之上，荟萃菁英，绽放生命”，是高瓴资本创始人、董事长张磊先生2011年在中国人民大学捐建成立，并联合众多商界领袖和社会名流一起推动发展，现已成为蜚声全球著名大学和企业的顶端青年领袖人才培养平台。

高礼研究院以“多元融合、价值投资、实践创新”为培养理念，“重仓中国未来，All in 青年英才”，坚持遴选和培养具有“伟大格局观、社会责任感、企业家精神和极致执行力”的未来社会栋梁人才。高礼研究院的愿景是与“杰出企业、杰出企业家、杰出创新创业者”共同成长，让时间成为未来青年领袖的朋友。

高礼研究院基于自身优势，致力于开创多元知识背景的教育模式，突破年级、学科、专业的壁垒，重视培养英才的批判性思维、科学意识和国际化视野，着重锻炼解决实际问题的能力，以提升学生对未来人生和职业的把握。

截至2016年3月，高礼研究院已团结大批来自投资界、实业界和政府、大学的实践型导师资源，面向全球著名大学杰出学生举办有“高礼英才绽放计划”“高礼英才直通车”（中国首个互联网金融本科双学位项目）“高礼女性领导力培养项目”“高礼国际教育项目（耶鲁—斯坦福—杜克大学暑期班）”和“高瓴高礼冬夏训练营”等项目，已培养超过1000名英才。这批融入高礼基因的时代骄子，现已广泛分布在全球著名大学、企业、金融机构和政府部门中。

微金融 50 人论坛

2014 年 12 月 6 日，来自微金融研究相关领域的专家学者在北京召开大会，正式宣布成立微金融 50 人论坛。

本论坛正式名称为“微金融 50 人论坛”（以下简称“论坛”），英文名称为 WeFinance 50 Forum（英文名称缩写为“WF50”）。

本论坛是由关注微金融发展的一批中青年专家学者共同发起成立的非官方、非营利性的学术研究平台。论坛成员分别来自经济、金融、法律、电子商务、互联网、信息技术、社会学等多学科，政、产、学、研、用等多领域。

本论坛发起人包括：初壮、高红冰、姜奇平、刘鹰、欧阳日辉、汤珂、吴庆、薛兆丰、杨东、杨涛、张海晖、张晓玫、周子衡。

本论坛为致力于微金融、创新金融、众筹金融等发展的专业人士提供一个高端研究交流平台，推动理论、思想、创新、创业和经验的交流，为相关决策与研究机构提供务实研究与经验参考，为微金融发展提供思想动力、智力支持，最终为金融服务实体经济产生积极影响。

用互联网思维开展金融研究，核心的参与者是个人，每个人作为其中某一个体，都有充分的权利和方式参与研究活动之中，提倡高效共享、平等自由、信任、尊重的研究氛围，实现去中心化的互联共享，从而形成信息交互、资源共享、优势互补。

中国人民大学金融科技与互联网安全研究中心

中国人民大学金融科技与互联网安全研究中心（以下简称“研究中心”）设在国家首批十大智库之一的国家发展与战略研究院内，依托人大法学院、信息学院、财政金融学院、商学院、高礼研究院、汉青经济与金融高级研究院等院系，汇聚了互联网金融、金融科技、大数据、区块链、信息、计算机等领域的青年学者。目前研究中心承接了国家社会科学基金重大项目“互联网安全主要问题立法研究”子课题“互联网金融安全研究”、国家自然科学基金委员会与英国经济和社会研究理事会合作研究项目“中国非正规金融的风险、潜力及变革”、司法部国家法治与法学理论研究项目“我国股权众筹模式的法律问题研究”、中国人民银行课题“电子支付立法研究”、中国人民银行征信中心课题“大数据与个人信息保护”、中关村科技园区管理委员会对外合作课题“众筹行业发展研究报告”、蚂蚁金服课题“支付清算条例研究”等重大课题，与蚂蚁金服、京东金融、腾讯、奇虎360、乐视、中国联通等保持深度合作关系，与高礼研究院共同成立了大数据金融实验室、区块链实验室等中国首批创新实验室，致力于打造支持行业发展的高层次、专业化的国家金融创新的智库，以及金融创新的“政产学研用”合作平台。

目前传统正式金融、非正式金融和互联网企业都在筹划和推进新形势下的“新金融”发展，研究中心将广泛对接和参与各种典型的新金融发展模式。研究中心依托广泛的资源和研究力量，可以通过历史分析、比较研究、跨学科研究、实证研究等多种研究方法，横向对比各种发展模式的优势和劣势，纵向对比各个发展阶段的典型特点和风险，为金融科技和创新的发展及安全问题提供相应策略和智库支持。

研究中心秉承“求真务实融合古今，开放包容贯通中西”的精神，基于全球视野和时代责任感，以“责任、专业、团结、创新”为文化，以“人才是核心，研究是基础，社会效益是追求”为理念，践行勤勉奋进的“梅花精神”和开放包容的“牡丹精神”，打造学习型组织和创新型团队，为新经济常态下的中国经济改革、企业转型升级提供理论输出和人才输出。

金融科技与互联网安全研究中心